GIPS-
DECORATIES

W0382431

GIPS-DECORATIES

STEPHANIE HARVEY

FOTOGRAFIE DOOR PETER WILLIAMS

TERRA

Voor John Smith,
voor al zijn steun en enthousiasme

Oorspronkelijke titel: Creative Plasterwork
© 1996 Anness Publishing Limited

Uitgever: Joanna Lorenz
Projectcoördinator: Judith Simons
Lay-out: Peter Butler en Susannah Good
Fotografie: Peter Williams
Stiliste: Georgina Rhodes
Illustraties: Madeleine David en Vana Haggerty

Voor de Nederlandse editie:
© 1997 Uitgeverij Terra, Warnsveld

Vertaling: Studio Imago, Lisa Scargo
Bewerking en opmaak: Studio Imago, Amersfoort

ISBN 90 6255 744 9

Alle rechten voorbehouden. Niets uit deze uitgave mag worden verveelvoudigd, opgeslagen in een geautomatiseerd gegevensbestand op openbaar gemaakt, in enige vorm of op enige wijze, hetzij elektronisch, mechanisch, door fotokopieën, opnamen of op enige andere manier zonder voorafgaande toestemming van de eigenaar van het copyright.

Inhoud

Inleiding

Het maken van gipsafgietsels is een fascinerende hobby omdat je daarmee de exacte vorm van allerlei dingen kunt reproduceren, van natuurlijke voorwerpen als schelpen, eikels, groenten en vruchten tot door de mens gemaakte voorwerpen als houtsnijwerk, marmeren bustes, kwastjes van stof en zelfs boeken. Gipsgieten is in wezen een creatief proces in twee fasen: van een bestaand voorwerp dient eerst een mal te worden vervaardigd voordat er een afgietsel kan worden gemaakt. Mallen, oorspronkelijk gemaakt van klei of gips en tegenwoordig van siliconenrubber, worden gemaakt door een voorwerp in het buigzame materiaal te drukken en het dan te laten harden. Het voorwerp wordt verwijderd en de 'negatieve' mal wordt gevuld met vloeibare gips. Als het gips is gestold kan het afgietsel uit de mal worden gehaald en met behulp van eenvoudige schilder- en verguldtechnieken worden gedecoreerd.

Van gips kan een breed scala aan siervoorwerpen worden gegoten, van losstaande en hangende ornamenten tot fotolijstjes en prachtige decoratieve details die kunnen worden gebruikt om meubels, lijsten, doosjes en schoorsteenmantels te versieren.

GESCHIEDENIS VAN PLEISTERWERK

De geschiedenis van het gipsgieten is nauw verweven met de geschiedenis van het mallen maken, waarvan de oorsprong teruggaat tot ver in de prehistorie. Waarschijnlijk heeft een van de eerste pottenbakkers ontdekt dat hij een exacte afdruk van zijn vingers in natte klei kon maken. Zeer oude potten zijn versierd met dooreengeweven patronen, die gemaakt zouden kunnen zijn door de nog ongebakken pot in een rieten mand te drukken, die bij het stoken verloren ging. De oudste bewaard gebleven mallen dateren uit de Bronstijd.

De mallen uit de Bronstijd die tot voor kort werden gevonden, zijn over het algemeen gebruikt voor het gieten van metaal. In 1982 vond een Israëlische archeoloog die in de Gazastrook werkte een uit 1300 v.C. daterende tweedelige mal van klei in de vorm van een klein figuurtje – er werd waarschijnlijk klei in de mal gedrukt om een reeks flessen met een bepaalde vorm te krijgen. In China gebruikten pottenbakkers uit de Soeng-dynastie (960-1280 n.C.) mallen van gebakken klei als richtlijn bij het graveren van gedetailleerde patronen in hun werk.

De vroegste gipsmallen hebben de tand des tijds niet doorstaan, want gips is een relatief zacht materiaal dat in een vochtige omgeving langzaam oplost. We weten dat vroege mediterrane beschavingen vertrouwd waren met de technieken voor het branden van gips, maar wat zij produceerden is lang geleden tot stof vergaan. Het eerste historische verslag van gips dat gebruikt werd voor afgietsels dateert van 1554 in een Italiaans werk dat was bedoeld als handleiding voor ambachtslieden uit die tijd. In Engeland maakten pottenbakkerijen tegen het midden van de achttiende eeuw gebruik van gipsmallen.

Decoratief pleisterwerk voor muren en plafonds, zoals het werk van Robert Adam, werd zowel door modelleren als door gieten vervaardigd. De mallen werden soms uit hout gesneden, maar er werden ook gipsmallen gemaakt door het ontwerp in klei of gips te modelleren en later in gips af te drukken. Deze mal werd vervolgens met zeep of marmerpoeder bedekt opdat het gips niet in de mal zou blijven plakken nadat het afgietsel op een raamwerk tegen het plafond was geklemd om te drogen.

Buigzame mallen, gemaakt van natuurlijke gelatine, verschijnen voor het eerst in het midden van de negentiende eeuw, toen ze door Italiaanse fabrikanten werden gebruikt om aan de vraag naar religieuze beeldjes te voldoen.

Boven: Het gebruik van gips voor religieuze beelden is wijdverbreid. Deze serene gipsen engel werd waarschijnlijk door Portugese ambachtslieden gemaakt voor een kerk in Goa, dat deel uitmaakte van de Portugese kolonie in India.

De volgende grote vooruitgang in het gipsgieten was de uitvinding van koud uithardende silicone in de jaren 1950. Silicone verenigt de eigenschappen in zich van zowel organische producten zoals rubber als anorganische mineralen zoals kwarts. Silicone werd oorspronkelijk ontwikkeld als smeer voor vliegtuigen in de Tweede Wereldoorlog, en met de ontdekking van de koud uithardende eigenschappen zag men al gauw nieuwe mogelijkheden voor het maken van mallen. Het grote voordeel is de combinatie van eigenschappen als buigzaamheid, sterkte en duurzaamheid. Het is ook heel gemakkelijk te gebruiken omdat het geen warmte nodig heeft om te harden; in plaats daarvan bestaat het silicone uit twee delen, een basis en een verhardingsmiddel, dat het product hard maakt mits in de juiste verhouding gemengd. Het grote voordeel van gips als middel voor modelleren en gieten is dat het vermengd met water een substantie wordt zonder klonten, zodat een mooie gladde afwerking kan worden verkregen. Pleisterwerk is een minerale stof, primair samengesteld uit gips. Zoals we gezien hebben was de bereidingswijze al bij de oude volkeren bekend.

Boven: Chiswick House in Londen staat bekend om zijn sierlijke plafonds die rijkelijk versierd zijn met fijne gipsornamenten. Lord Burlington, die zelf amateur-architect was, gaf William Kent in 1729 opdracht de interieurs te ontwerpen. Hier ziet u een detail van het plafond van de Blauw Fluwelen Kamer.

Rechts: De geheel witte gemodelleerde plafonds in Littlecote House contrasteren met die van Chiswick House in hun ingehouden geometrische eenvoud, typerend voor zeventiende-eeuwse interieurs.

Gipsmortel werd inderdaad gebruikt bij de bouw van de Egyptische piramides. Vermoedelijk is het gebruik vanuit Egypte oostwaarts naar India verspreid, waar tegen de vierde eeuw beeldhouwers in Gandhara gipsmodellen van de Boeddha maakten.

Vanaf 1770 werd gips commercieel gedolven in Frankrijk. De beroemdste delfplaats was de Parijse buitenwijk Montmartre, waar het echte gebrande gips vandaan kwam. Na het delven moet gips vele processen ondergaan voordat het pleister wordt. Eerst moet het worden verpulverd en van verontreinigingen worden ontdaan, en dan verder verpulverd voordat het gebrand wordt.

Tegenwoordig wordt pleisterwerk vooral veel toegepast voor mallen, keramiek en beelden. Door de hernieuwde belangstelling voor het restaureren of creëren van stijlkenmerken in huizen wordt het ook weer veel gebruikt om rozetten op het plafond, kroonlijsten en andere soortgelijke architectonische kenmerken te maken. In dit boek houden we ons echter voornamelijk bezig met kleine decoratieve projecten.

Dankzij de gladheid en het gewicht van gips is het nog steeds het ideale middel om te gieten. Door het gebruik van siliconenmallen kunnen zeer gedetailleerde voorwerpen in gips worden gereproduceerd. Veel onderwerpen komen uit de natuur en een deel van het plezier van gipsgieten is gelegen in het verzamelen ervan. Een bos- of strandwandeling geeft inspiratie voor tientallen ontwerpen – vrijstaande ornamenten of decoratieve details voor lijsten, meubels of schoorsteenmantels. Er kunnen echter ook mallen worden gemaakt van door de mens vervaardigde voorwerpen of van vormen die uit klei of was zijn gemodelleerd.

De afgietsels hiervan kunnen nog mooier worden gemaakt met versieringen waarvoor allerlei afwerkingen mogelijk zijn. Interieurstukken kunnen worden veranderd door ze een verweerd 'antiek' uiterlijk te geven dat in een dogenpaleis niet zou misstaan, of de natuurlijke kleur van het origineel kan prachtig worden nagemaakt. Er is niet veel vakkundigheid voor nodig – alleen maar een goed oog en wat fantasie. Het resultaat is een uniek, met de hand afgewerkt kunstwerk waarvan u jaren plezier zult hebben.

Boven: Deze fraaie, vroeg negentiende-eeuwse schoorsteenmantel is versierd met sierlijke figuratieve gipsdecoraties.

Boven: De interieurs van Kenwood House in Londen zijn in het midden van de achttiende eeuw ontworpen door Robert Adam. De gipsdecoraties op het plafond zijn zeer sierlijk en verfijnd. Of ze nu wit gelaten zijn of verguld, ze worden afgebakend door de roze en groen gepleisterde plafonds.

Rechts: Sierpleisterwerk was niet alleen voorbehouden aan landhuizen. Gips inleggen was een traditioneel ambacht, hier gebruikt om de gevel van een vijftiende-eeuws huis in Suffolk te verfraaien.

GALERIE

GIPS IS EEN UITERST VEELZIJDIG MATERIAAL. AFGIETSELS ZIJN IDEAAL OM ANDERE VOORWERPEN TE VERFRAAIEN, ZOALS SPIEGELLIJSTEN OF DOOSJES, EN DANKZIJ ZIJN TEXTUUR EN GEWICHT KAN GIPS OOK WORDEN GEBRUIKT OM PRACHTIGE VRIJSTAANDE ORNAMENTEN TE MAKEN. DOOR HET FIJNE OPPERVLAK ZIJN DE DECORATIEMOGELIJKHEDEN ONUITPUTTELIJK EN MET EEN FANTASIEVOL ONTWERP KAN HET ER ZELFS IN ONAFGEWERKTE VORM SCHITTEREND UITZIEN.

Rechts: ROMEINSE BUSTE
Deze gipsen buste werd gegoten in een tweedelige rubberen mal ondersteund met klei. Hij werd bedekt met imitatie-bladgoud, waarna er groene verf op werd aangebracht en weer afgeveegd om een patina-effect te verkrijgen.
LIZ WAGSTAFF

Links: VISSENSPIEGEL
De vissen op deze spiegel zijn eerst geboetseerd, toen in gips gegoten en daarna gedecoreerd met bladaluminium.
De lijst werd zeegroen geschilderd met daaroverheen een lichtere wassing van dezelfde tint. De hele lijst kreeg een laag acrylvernis zodat hij in een badkamer kan worden gebruikt.
STEPHANIE HARVEY

Boven: HAARDSCHERM
Dit haardscherm, gemaakt van vezelplaat, is versierd met gegoten bladeren, eikeltjes en houtsnijwerk. Als achtergrond voor de decoratie van bladgoud werd bourgognerode acrylverf gebruikt.
Er zijn verscheidene lagen zijdeglans acrylvernis aangebracht om de warme kleur van het haardscherm te versterken.
STEPHANIE HARVEY

Rechts: GIPSEN SCHOENEN
Deze exotische schoenen zijn gegoten in een tweedelige mal van klei. De klei werd op een paar leren schoenen gedrukt en alle vier helften werden elk apart in gips afgegoten. Vervolgens werden de helften van de afgietsels aan elkaar gelijmd, waarna de schoenen rijkelijk werden gedecoreerd met scherven porselein, glas en kralen, en decoratieve strikken.
IZZY MOREAU

Boven: ROCOCOSPIEGEL
Deze spiegel toont een grote variatie aan schelpvormen. Er werden vier verschillende soorten schelpen in gips gegoten en daarna verguld. Ze werden op een verguld houten lijstje met een koordrand gelijmd, en het hele ontwerp werd 'oud' gemaakt met een wassing van acrylpatina. Daarna werd schellak opgebracht opdat het goud zijn kleur behoudt.
STEPHANIE HARVEY

Links: FOTOLIJSTJE
Als basis voor dit ontwerp werd een bewerkt houten lijstje gebruikt. Het werd verguld met bladgoud en versierd met kwastjes. De Franse lelie en de sterren werden uit kerstversieringen gegoten. Daarna werden de afgietsels rood geschilderd en met vergulds bestreken.
LIZ WAGSTAFF

Rechts: GEBEELD-HOUWDE KWASTEN
De mal van de kwasten werd gemaakt met behulp van een houten kwast uit 1820. De tweedelige mal werd met elastieken aan elkaar gezet en er werd van bovenaf gips in gegoten. Een van de twee kwasten werd verguld met bladgoud, daarna werd er een groene wassing op aangebracht en weer afgeveegd, zodat de kleur in de diepere delen achterbleef. Vervolgens werden met lila verf hoogsels aangebracht. Het patina-effect van de andere kwast is verkregen door schoolbordverf als basis te nemen en daar een groene wassing over aan te brengen.
LIZ WAGSTAFF

Links: EGYPTISCHE MUURPLAAT
De Egyptische mummie is gemaakt door een tweedelig pennendoosje in de vorm van een mummie met gips te vullen. Na het uitharden zijn de twee delen zorgvuldig tegen elkaar gelijmd. De details en versiering werden met de hand geschilderd. De houten plint is blauw geschilderd en vervolgens met een borstel gesleept voor een speciaal effect.
LIZ WAGSTAFF

Links: KRONKELIGE SPIEGEL
Als basis voor deze spiegel is dik karton gebruikt waarop sneldrogend huishoudgips is aangebracht. Om het decoratieve effect te verkrijgen werd een spuitzak met gips gevuld en gebruikt om de kronkellijnen op het nog natte gipsen lijstje te spuiten. Na het drogen werd de spiegel erin gezet waarna de randen werden afgewerkt met nog wat gips.
IZZY MOREAU

Links: HERFSTDOOSJE
De mallen voor deze decoraties zijn gemaakt van zaaddozen van bomen en bloemen in de herfst. De afgietsels werden verguld met bladgoud en antiek gemaakt met rauwe omber acrylverf. De kleur van het doosje is een warm terracotta, speciaal gemengd om herfstkleuren weer te geven. Er werd een bruine wassing op het doosje gewreven zodat het kleurt bij de oudgemaakte zaaddozen. Het doosje is gelakt en in de was gezet om het glans te geven.
STEPHANIE HARVEY

Rechts: ZEESPIEGEL
Deze zeer fantasievolle spiegel is gemaakt van een basis van karton waarop sneldrogende huishoudgips werd gesmeerd. De zeedieren werden van klei geboetseerd en vervolgens in gips gegoten. De schelpen werden van echte schelpen gegoten. Alle versieringen waren hard toen ze op de natte basis werden aangebracht.
IZZY MOREAU

Gietmaterialen

Alle materialen voor het gieten van gips zijn verkrijgbaar bij speciaalzaken of hobbywinkels, waarvan u de adressen achter in dit boek kunt vinden. De prijs van koudhardende siliconenrubber lijkt hoog, maar het materiaal waarmee u giet, gips, is betrekkelijk goedkoop, en u kunt de mallen steeds opnieuw gebruiken. Hoe meer afgietsels u maakt, hoe lonender uw investering wordt.

Modelgips Er zijn verschillende soorten modelgips, variërend in sterkte en hardheid. Als u het gips wilt schuren, is het belangrijk een soort te kopen die zacht genoeg is. Gips is verkrijgbaar bij speciaalzaken of hobbywinkels, die u tevens kunnen adviseren welk soort u nodig hebt.
Fijne modelgips Dit is fijner dan gewoon modelgips en is iets te zacht voor de werkstukken in dit boek. Het is wel geschikt om als omhulsel te gebruiken voor het ondersteunen van grotere mallen.
Vaseline Vaseline wordt bij het gieten gebruikt om te voorkomen dat het siliconenrubber aan elkaar of aan een ander oppervlak blijft plakken. Het is verkrijgbaar bij de drogist.
Koudhardende siliconenbasis Vooral in Engeland wordt dit gebruikt om gietmallen te maken. Het wordt alleen hard als het met een stollingsmiddel wordt gemengd in een verhouding van 20 delen basis op 2 delen stollingsmiddel. Verkrijgbaar bij speciaalzaken en hobbywinkels. In Nederland wordt het meest gewerkt met latex (zie blz. 95).
Stollingsmiddel Dit wordt aan koudhardende siliconenbasis toegevoegd zodat deze hard wordt. Hoe meer stollingsmiddel u toevoegt, hoe sneller de silicone stolt. Verkrijgbaar bij speciaalzaken en hobbywinkels.
Thixotrope toevoeging Dit wordt aan een mengsel van siliconenbasis en stollingsmiddel toegevoegd om het dik te maken. Verkrijgbaar bij speciaalzaken en hobbywinkels.
Siliconenkleurstof Siliconenkleurstof is normaalgesproken rood en wordt aan de eerste laag koudhardende silicone toegevoegd. De tweede laag wordt wit gelaten, zodat je kunt zien of het voorwerp waar je een mal van maakt geheel door de tweede laag is bedekt. Verkrijgbaar in speciaalzaken en hobbywinkels.
Elastiekjes Deze worden gebruikt om de twee delen van een driedimensionale mal bij elkaar te houden. (Zie Basistechniek 2.)
(Was)plasticine Dit is een mengsel van was en plasticine. Het is glad en buigzaam en is ideaal om te boetseren of op te vullen. Het wordt nooit hard en kan dus steeds opnieuw worden gebruikt. Te koop in hobbywinkels.
Klei Klei is heel goedkoop en wordt gebruikt voor boetseren of vullen. Als u de klei onverpakt laat liggen, wordt hij hard. Verkrijgbaar bij hobbywinkels.
Epoxyplamuur Dit wordt bij het gieten gebruikt als vulmiddel. Het wordt bij kamertemperatuur binnen 2 uur hard. Het is te koop bij winkels voor kunstschildersmaterialen en varieert in prijs afhankelijk van de kleur. De kleur is echter niet belangrijk als er later overheen geschilderd of verguld wordt.

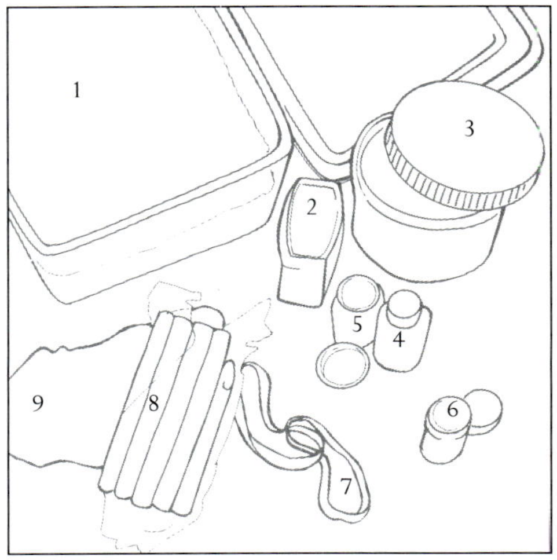

1 Modelgips
2 Vaseline
3 Koudhardende siliconenbasis
4 Stollingsmiddel
5 Thixotrope toevoeging
6 Siliconenkleurstof
7 Elastiekjes
8 Wasplasticine
9 Klei

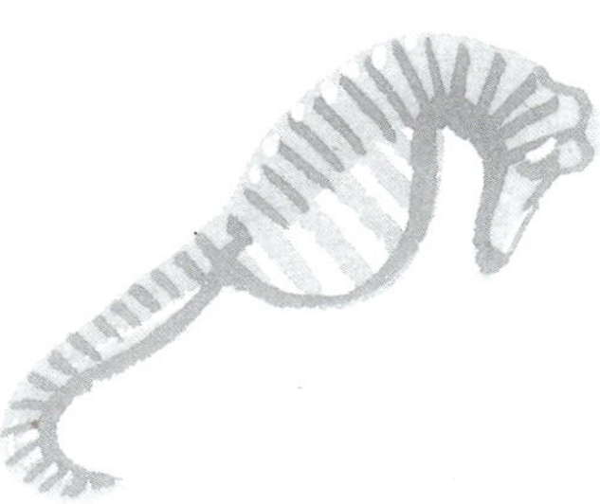

DECORATIEMATERIALEN

De meeste materialen zijn verkrijgbaar in doe-het-zelfzaken of ijzerwinkels. Sommige meer specialistische dingen, zoals mixtion op waterbasis, zijn verkrijgbaar bij winkels voor kunstschildersmaterialen. Zowel verf op waterbasis, zoals hobby-acrylverf, als verf op oliebasis kan op gips worden aangebracht. U hebt de keuze uit drie afwerkingen – mat, zijdeglans en hoogglans – en meer dan honderd kleuren. Het is een goed idee om een klein potje te kopen om een kleur uit te proberen alvorens grote hoeveelheden ervan aan te schaffen.

Acrylverf Acrylverf is bij doe-het-zelfzaken verkrijgbaar in honderden kleuren. Er zijn drie afwerkingen: mat, zijdeglans en hoogglans. De verf kan met water worden verdund en de kwasten maakt u eenvoudig schoon door ze met water en zeep te wassen.
Acrylpatina Dit wordt gebruikt om imitatie-bladgoud een oud, antiek effect te geven. Het is te koop in de betere hobbywinkels.
Mengsel van acrylpatina en zwarte acrylverf In de verhouding 1:1 geeft dit de ideale kleur voor het verouderen van imitatie-bladzilver oftewel bladaluminium.
Steenrode acrylverf Deze verf wordt aangebracht onder (imitatie)bladgoud om de kleur van bolus, een pigment van klei dat men oorspronkelijk onder bladgoud aanbracht, te imiteren.
Hobby-acrylverf In vele kleuren te koop bij winkels voor hobby- en kunstschildersmaterialen. Het is wateroplosbaar: hoe sterker u de kleur wilt, des te minder water moet u toevoegen. Kwasten kunnen met water en zeep worden schoongemaakt.
Olieverf Olieverven zijn meestal duurzamer dan verven op waterbasis, dus zijn ze ideaal voor voorwerpen die buiten worden geplaatst.
Verguldcrème Verkrijgbaar bij winkels voor kunstschildersmaterialen en hobbywinkels. Er zijn verscheidene schakeringen goud en het is ook in zilver verkrijgbaar. Het is gemakkelijk met een vinger of een doekje op te brengen en ideaal om kleine stukjes te vergulden of, spaarzaam gebruikt, om geschilderde vlakken waar het licht op valt te accentueren.
Mixtion op waterbasis Dit is ideaal als basis voor alle typen en kleuren slagmetaal. Het is verkrijgbaar bij grote winkels voor kunstschildersmaterialen. Wanneer het wordt opgebracht is het eerst ondoorschijnend. Als het doorzichtig en plakkerig wordt is het klaar voor gebruik – dit duurt gewoonlijk 15-30 minuten.
Slagmetaal Hiermee wordt imitatie-bladgoud of -zilver aangeduid. Als goedkoop alternatief voor zilver wordt aluminium gebruikt; bladaluminium is dus een andere benaming voor imitatie-bladzilver. Slagmetaal is goedkoper maar ook dikker dan echt bladgoud of -zilver, waardoor het gemakkelijker te verwerken is. Het wordt meestal geleverd op vloeipapier, in boekjes van 25 velletjes, of los. Slagmetaal met vloeipapier is wat duurder, maar wel gemakkelijker in het gebruik. Het is verkrijgbaar bij winkels voor kunstschildersmaterialen.
Viltstiften Deze zijn ideaal voor het maken van dunne lijntjes. Ze zijn verkrijgbaar in alle kleuren, waaronder goud en zilver, en in verschillende dikten. Verkrijgbaar bij kantoorboekhandels, hobbywinkels en winkels voor kunstschildersmaterialen.
Vernis De beste vernis voor slagmetaal is lichte schellak. Deze is kleurloos, sneldrogend en wordt niet geel. Vernissen op oliebasis zijn sterker en beter voor voorwerpen die slijtvast moeten zijn of buiten worden gezet. De droogtijd kan wel 24 uur bedragen en de lak zal op den duur vergelen. Acrylvernis is op waterbasis, vergeelt dus niet en droogt binnen een half uur. Acryl vloerlak is dikker en sterker dan gewone acrylvernis. Zowel olie- als acrylvernis is verkrijgbaar in mat, zijdeglans en hoogglans.
Lijmen Tweecomponenten (epoxyhars)lijm is ideaal voor het lijmen van gipsafgietsels op andere voorwerpen. Het is sterker dan de meeste andere lijmen en moet 24 uur drogen.

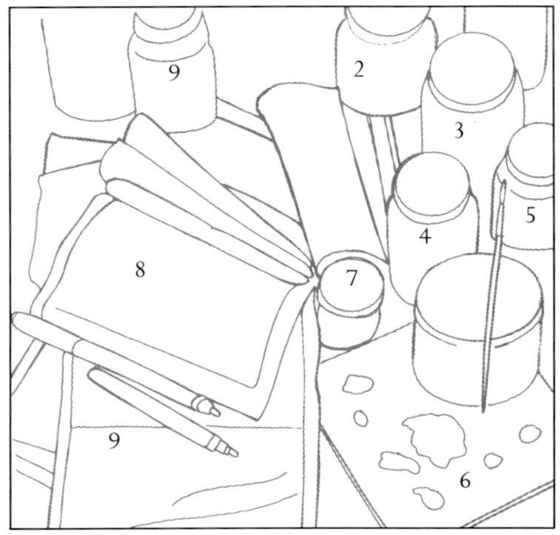

1 Acrylverf
2 Acrylpatina
3 Mengsel van patina en zwarte acrylverf
4 Rode acrylverf
5 Mixtion op waterbasis
6 Hobby-acrylverf
7 Verguldcrème
8 Slagmetaal
9 Viltstiften

BASISBENODIGDHEDEN

VOOR DE WERKSTUKKEN IN DIT BOEK IS WEINIG SPECIAAL GEREEDSCHAP NODIG EN HET MEESTE ZULT U WAARSCHIJNLIJK GEWOON IN HUIS HEBBEN. DE BENODIGDHEDEN DIE U MOET KOPEN ZIJN GOEDKOOP EN MAKKELIJK VERKRIJGBAAR. EEN GOEDE DOE-HET-ZELFZAAK OF IJZERWINKEL VERKOOPT MATERIALEN ALS STOFMASKERS, TEGELS EN SCHUURPAPIER. EEN SCHORT, PLASTIC BAKJES EN EEN MAATBEKER KOOPT U BIJ EEN WINKEL VOOR HUISHOUDELIJKE ARTIKELEN. ANDERE DINGEN, ZOALS POSITIEPENNETJES EN EEN KLEIN MODELLEERBOORTJE OM TE SCHUREN, ZIJN BIJ GESPECIALISEERDE GIPSLEVERANCIERS VERKRIJGBAAR.

Schort Schilderen en gips gieten kan een kliederig karwei zijn, dus u kunt het beste een schort dragen om uw kleren te beschermen.
Maatbeker Gebruik een plastic of glazen maatbeker voor het aanmaken van gips.
Verfkwast Deze zijn er in alle maten. Een platte kwast van 1 cm breed is handig voor het schilderen van kleine voorwerpen. De kwaliteit van kwasten verschilt nogal en u kunt beter iets duurdere kopen.
Schuurpapier Dit wordt gebruikt om ongerechtigheden in het afgietsel weg te schuren. Voor een gladde afwerking moet u fijn schuurpapier nemen.
Plastic bakjes Plastic bakjes zijn te koop in allerlei vormen en maten. U kunt ze gebruiken om siliconenrubber in te mengen of als bakje om in te gieten.
Aluminiumfolie Als u de randen van aluminiumfolie naar boven vouwt hebt u een uitstekend bakje om in te gieten.
Keukenpapier Dit wordt gebruikt om verfwassingen af te vegen.
Deegroller Hiermee kunt u wasplasticine en klei uitrollen.
Modelleerboortje Dit is te koop bij leveranciers voor beeldhouwersmaterialen en wordt gebruikt om gips in model te brengen en glad te maken. Er worden verschillende maten afneembare boorkoppen bij geleverd.
Zandzakken Met zand gevulde katoenen zakjes zijn ideaal om rubber mallen te ondersteunen tijdens het gieten. U kunt de zakjes ook vullen met rijst of bonen.

Rolmaat Met een rolmaat kunt u het midden vinden van een doos, lijst of meubelstuk als u een gipsdecoratie aanbrengt.
Glazen potten Deze zijn handig om verf in te mengen en om water in te doen als u hobby-acrylverf gebruikt.
Lepel Met een lepel kunt u verf, gips en siliconenrubber roeren. In rommelwinkels zijn vaak goedkope oude lepels te vinden.
Handboortje Handboortjes zijn in verschillende maten verkrijgbaar en worden gebruikt om gaten in gips te boren.
Schaar Een keukenschaar is stevig genoeg om slagmetaal en schilderijkoord mee te knippen.
Hobbymes Deze zijn in verschillende vormen verkrijgbaar en worden gebruikt om overtollig gips weg te schrapen. Ze zijn verkrijgbaar in winkels voor kunstschildersmaterialen, waar ze u kunnen adviseren welk type en welke maat u nodig hebt.
Penselen Deze zijn in verschillende maten en kwaliteiten verkrijgbaar bij winkels voor kunstschildersmaterialen. De haren kunnen gemaakt zijn van marterhaar, synthetisch materiaal of een combinatie daarvan. Ze zijn allemaal goed.
Spatel Een klein spateltje is heel handig voor modelleren en vullen. Te koop bij hobbywinkels.
Positiepennetjes Deze zijn verkrijgbaar bij gipsleveranciers. Ze passen twee aan twee in elkaar en worden gebruikt om de twee helften van een tweedelige mal op één lijn te krijgen.

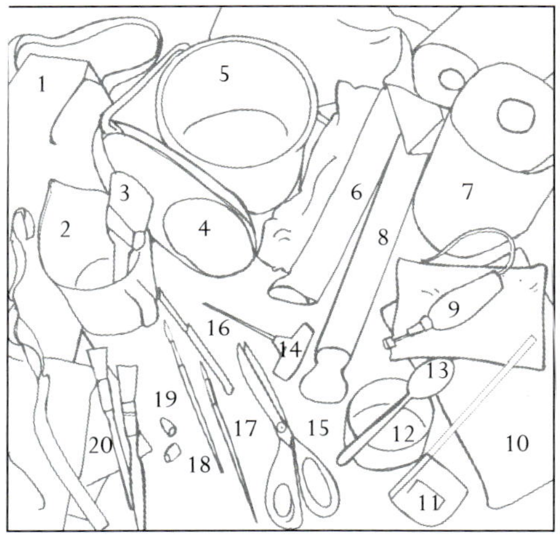

1 Schort
2 Witte tegel
3 Verfkwast
4 Schuurpapier
5 Plastic bakje
6 Aluminiumfolie
7 Keukenpapier
8 Deegroller
9 Modelleerboortje
10 Zandzakjes
11 Rolmaat
12 Glazen pot
13 Lepel
14 Handboortje
15 Schaar
16 Hobbymes
17 Penseel
18 Spatel
19 Positiepennetjes
20 Witte tegel

Witte tegel Een witte tegel is handig om lijm of verf op te mengen.
Stofmaskers Deze zijn verkrijgbaar bij doe-het-zelfzaken en moeten worden gedragen bij het werken met goudbronspoeder. Het is ook raadzaam ze te dragen bij het mengen van gips om te voorkomen dat u het stof inademt.
Verguldkwast Verkrijgbaar bij winkels voor kunstschildersmaterialen. Deze kwast kan worden gebruikt om slagmetaal op mixtion te drukken en om goudbronspoeder aan te brengen.

BASISTECHNIEK 1

DEZE EENVOUDIGE TECHNIEK IS DE BASIS VOOR VELE WERKSTUKKEN IN DIT BOEK EN DE IDEALE MANIER VOOR EEN BEGINNER OM CREATIEVE MALLEN TE MAKEN. IDEALITER MOET HET GEKOZEN VOORWERP EEN PLATTE KANT HEBBEN, HOEWEL DIT NIET PER SE HOEFT. AFGIETSELS MET EEN PLATTE KANT KUNNEN AAN DE MUUR WORDEN GEHANGEN, ALS PRESSEPAPIER OF ORNAMENT WORDEN GEBRUIKT, OF LIJSTEN, DOOSJES EN MEUBELS VERSIEREN.

Een platte mal maken

1 Knip een stuk aluminiumfolie ongeveer 5 cm breder dan het voorwerp waarvan u een mal wilt maken. Bestrijk een kant van de folie met vaseline. Leg het voorwerp op de folie en vouw de zijkanten omhoog om een bakje te vormen, maar laat aan alle kanten 2,5 cm rond het voorwerp vrij.

2 Schep koud uithardende siliconenbasis in een plastic bakje en tel het aantal scheppen dat u gebruikt. Voeg stollingsmiddel toe in een verhouding van 1 eetlepel stollingsmiddel op 20 eetlepels siliconenbasis. Meng goed door elkaar en voeg kleurstof toe om het mengsel iets te kleuren. Schep het over het voorwerp zodat dit geheel wordt bedekt. Laat 24 uur drogen bij kamertemperatuur.

3 Meng weer siliconenbasis met stollingsmiddel in dezelfde verhouding als in stap 2 maar voeg geen kleurstof toe. Voeg een mespuntje verdikkingsmiddel toe – roer goed door alvorens meer toe te voegen want het verdikt het mengsel niet meteen. Als het de dikte van slagroom heeft, smeert u het met een theelepeltje of spateltje op het voorwerp over de eerste laag heen. Zorg dat het geheel bedekt is – door de kleurstof in de eerste laag kunt u zien of het voorwerp goed is bedekt. Laat bij kamertemperatuur 24 uur drogen.

MATERIALEN EN BENODIGDHEDEN

ALUMINIUMFOLIE • VOORWERP OM EEN MAL VAN TE MAKEN • VASELINE • LEPEL • KOUDHARDENDE SILICONENBASIS • PLASTIC BAKJE STOLLINGSMIDDEL • KLEURSTOF • SPATELTJE • VERDIKKINGSMIDDEL • SCHAARTJE • WATER • KAN • MODELGIPS • ZAKJE ZAND • SCHILDERIJKOORD (EVENTUEEL)

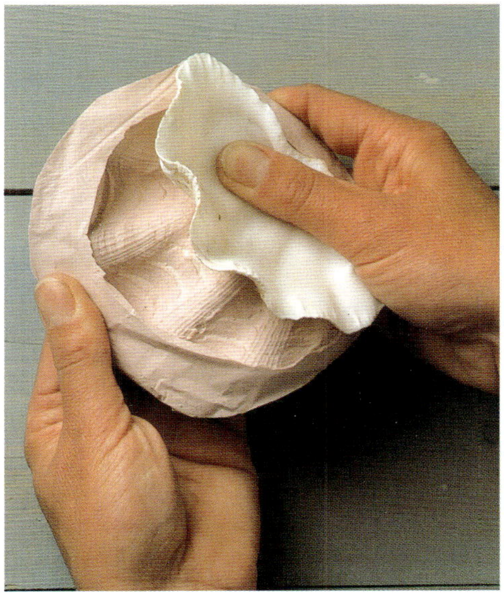

4 Haal het voorwerp voorzichtig uit de mal. Knip eventueel overtollige silicone onderin met een schaar weg. Houd de mal tegen het licht om te zien of er dunne plekken zijn. Smeer in dat geval op de buitenkant met een spateltje nog wat verdikte silicone op deze plekken.

5 Vul de mal als ze droog is voor tweederde met water en giet het water in een kan. Strooi met een lepel modelgips in het water tot het gips op het water ligt en geen water meer opneemt. Roer goed door en zorg dat u geen klontjes hebt.

6 Ondersteun de mal met een losjes met zand gevulde zak. Giet het gipsmengsel erin. Schud de mal een beetje als hij vol is om de luchtbellen te laten opstijgen.

7 Als u het afgietsel aan de muur wilt hangen, knipt u een stuk schilderijkoord af, maakt u een lus en legt er een knoop in. Laat het touwtje tot voorbij de knoop in het gips zakken zodat de lus vrij blijft. Laat bij kamertemperatuur 1 uur drogen.

8 Peuter de mal van het afgietsel af als het gips droog is.

9 De gegoten schelp is bijna een exacte kopie van het origineel en is nu klaar om beschilderd te worden.

BASISTECHNIEK 2

VEEL VOORWERPEN DIE IDEAAL ZIJN OM MALLEN VAN TE MAKEN, ZOALS GROENTEN EN VRUCHTEN, HEBBEN VAN NATURE GEEN PLATTE ZIJDE. DE HIER GETOONDE TECHNIEK LEVERT EEN GEHEEL DRIEDIMENSIONAAL AFGIETSEL OP. OM DIT EFFECT TE VERKRIJGEN DIENT DE MAL IN TWEE DELEN TE WORDEN GEMAAKT. MET DEZE MAL KRIJGT U AFGIETSELS DIE EXACTE KOPIEËN VAN HET GEBRUIKTE VOORWERP ZIJN. EENMAAL GESCHILDERD ZIJN HET PRACHTIGE VRIJSTAANDE ORNAMENTEN.

Een driedimensionale mal maken

1 Neem een plastic bakje dat iets groter is dan het voorwerp dat u wilt gieten. Vet de zijkanten van het bakje zorgvuldig in met vaseline.

2 Leg het voorwerp in het bakje en voeg geleidelijk natte klei toe. Vul het bakje tot precies halverwege het voorwerp. Zorg dat het oppervlak glad is.

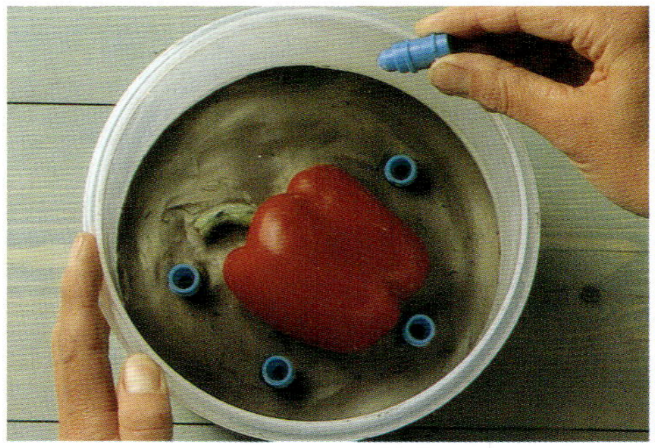

3 Breng op regelmatige afstanden positiepennetjes in de klei aan. Duw ze tot de helft in de klei.

4 Meng in een plastic bakje of glazen pot koudhardende siliconenbasis met stollingsmiddel in een verhouding van 20:1. Goed roeren. Giet het siliconenmengsel over de klei en het voorwerp en bedek ze geheel tot een dikte van 1 á 2 cm boven het voorwerp. Laat 24 uur drogen.

5 Steek een mes tussen de silicone en het bakje en druk de silicone eruit. Vet de silicone met vaseline in, maar let er op dat u niet de positiepennetjes of het voorwerp invet.

6 Doe het hele stuk terug in het bakje en plaats het voorwerp in de mal. Rol twee stukjes wasplasticine uit tot worstjes en zet ze boven op het voorwerp. Hierdoor krijgt u twee kanalen om het gips in te gieten.

MATERIALEN EN BENODIGDHEDEN

PLASTIC BAKJE • VOORWERP OM EEN MAL VAN TE MAKEN • VASELINE • KLEI • POSITIEPENNETJES • PLASTIC BAKJE OF GLAZEN POT • KOUDHARDENDE SILICONENBASIS • STOLLINGSMIDDEL • MES • WASPLASTICINE • TWEE DIKKE ELASTIEKEN • KAN • WATER • LEPEL • MODELGIPS

7 Meng opnieuw siliconenbasis met stollingsmiddel zoals in stap 4. Giet de silicone in het bakje terwijl u met uw vingers de plasticine overeind houd. Bedek het voorwerp tot een dikte van 1 á 2 cm. Laat 24 uur drogen.

8 Haal de silicone uit het bakje zoals in stap 5. Maak de mal open en verwijder het voorwerp.

9 Zet de twee helften van de mal op elkaar en zet ze vast met twee dikke elastieken. De helft met de twee gaten komt bovenaan.

10 Vul een kan met water. Strooi met een lepel gips in de kan. Ga door tot het water geen gips meer opneemt en het gips niet meer zinkt. Goed roeren.

11 Giet het gips voorzichtig in de mal via een van de gaten – via het andere gat kan de lucht ontsnappen. Vul de mal met gips tot het gips ook het luchtgat heeft gevuld.

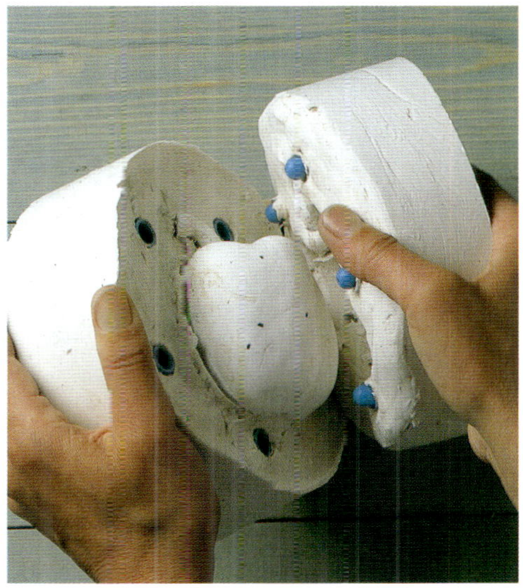

12 Laat het gips 2 uur drogen. Haal de mal uit elkaar en verwijder het afgietsel.

AFWERKINGSTECHNIEKEN

AFGIETSELS MET EEN PLATTE ONDERKANT ZIJN MEESTAL GLAD EN HEBBEN WEINIG AFWERKING NODIG ALVORENS ZE KUNNEN WORDEN GESCHILDERD. ER KUNNEN LUCHTBELLEN IN HET GIPS ZITTEN EN ALS DEZE ZICHTBAAR ZIJN MOETEN ZE WORDEN GEVULD. DIT GAAT HEEL GEMAKKELIJK MET EEN BEETJE MODELGIPS VERMENGD MET WATER. AAN DRIEDIMENSIONALE AFGIETSELS MOET MEER WERK WORDEN BESTEED OM DE SPOREN WEG TE WERKEN DIE HET GIETPROCES HEEFT ACHTERGELATEN.

Basistechniek 1

1 Als er luchtgaatjes zijn, mengt u een beetje gips met water tot het de dikte van plamuur heeft. Vul de gaten met behulp van een spateltje en strijk het oppervlak met uw vinger glad.

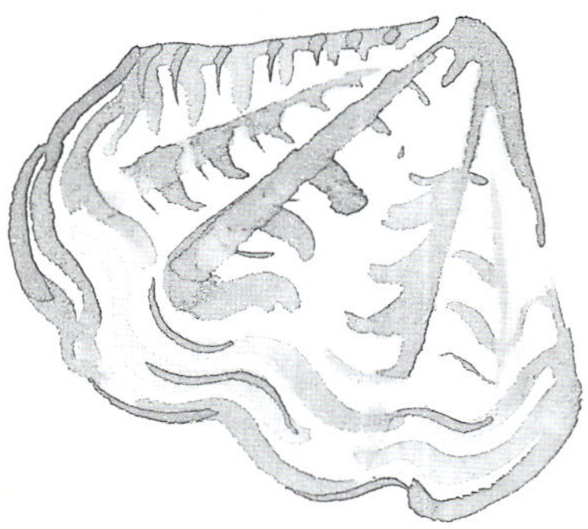

Basistechniek 2

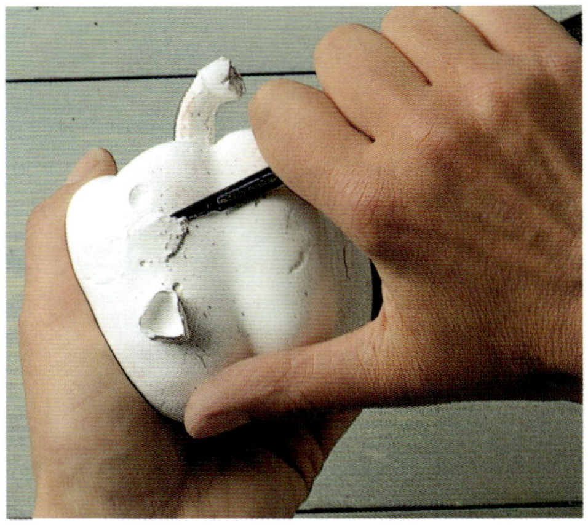

1 Snijd met een hobbymes de twee gipsen 'stelen' weg die door de gietopeningen zijn ontstaan.

2 Schuur de naad en andere ongerechtigheden tot het oppervlak mooi glad is.

3 Meng nog wat gips met water in een klein plastic bakje tot het de dikte van plamuur heeft. Vul met het spateltje eventuele luchtgaatjes en strijk het gips glad met uw vinger.

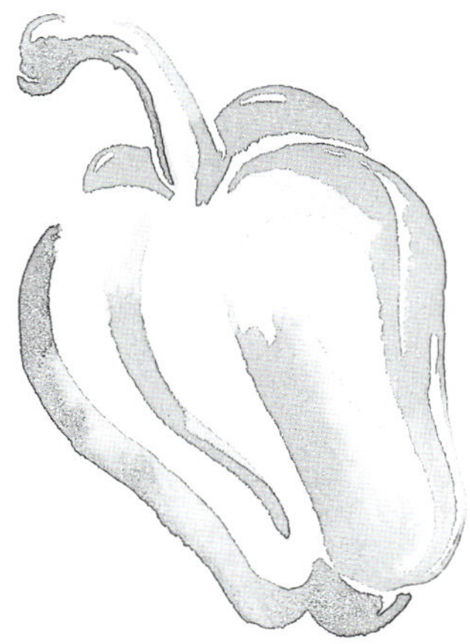

MATERIALEN EN BENODIGDHEDEN

HOBBYMES • SCHUURPAPIER • MODELGIPS • WATER • LEPEL • PLASTIC BAKJE • SPATELTJE

Teddyberen

Eenvoudige reeksen patronen kunnen met deegvormpjes worden gemaakt. U kunt ze op spiegel- en schilderijlijsten of meubels lijmen of er een fries van maken. Er zijn veel patronen die geschikt zijn voor kinderkamers, en kinderen vinden het prachtig om ze uit te steken en in gips te gieten. In dit werkstuk wordt een product gebruikt dat een combinatie is van was en plasticine. Het resultaat is een zeer glad en buigzaam materiaal dat ideaal is voor dit soort werk. U kunt echter ook klei gebruiken. Schilder de afgietsels in een kleur die in het kleurenschema van de kamer past.

1 Rol de wasplasticine met een deegroller uit tot een dikte van ongeveer 5 mm.

2 Steek met een uitsteekvormpje enkele teddyberen uit.

3 Maak een mal en giet de teddybeervormen zoals beschreven in Basistechniek 1, maar sla stap 7 over. Beschilder de vormpjes met gele hobby-acrylverf.

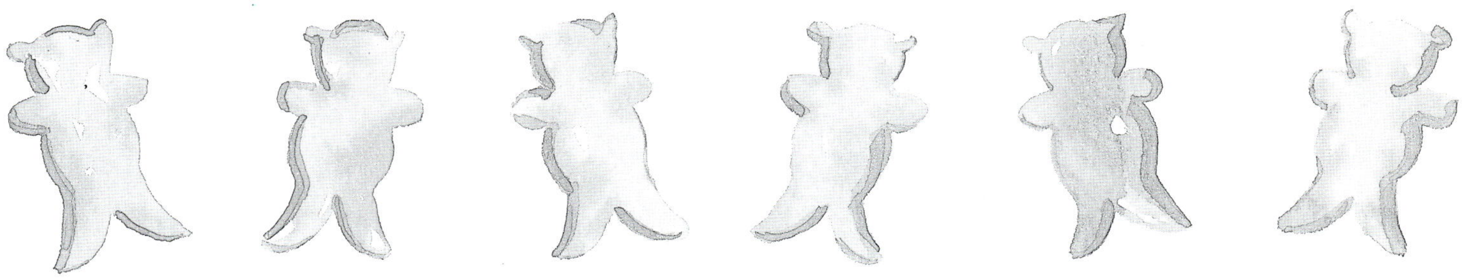

Materialen en benodigdheden

Wasplasticine • Deegroller • Uitsteekvormpje in teddybeervorm • Materialen opgegeven voor Basistechniek 1 • Gele hobby-acrylverf • Platte verfkwast van 1 cm

STERREN

ZELFS HET SAAISTE MEUBELSTUK, EEN DOOS OF LIJST KAN EEN GEDAANTEVERWISSELING ONDERGAAN DOOR ER ENKELE EENVOUDIGE GESCHILDERDE GIPSVORMEN OP AAN TE BRENGEN. IN DIT WERKSTUK WORDT GEBRUIK GEMAAKT VAN EEN STERVORMIG UITSTEEKVORMPJE. UITSTEEKVOMPJES ZIJN IN VELE VORMEN TE KOOP EN ZE ZIJN SNEL EN GEMAKKELIJK IN HET GEBRUIK. U KUNT ECHTER OOK KARTONNEN SJABLONEN MAKEN OM HETZELFDE EFFECT TE BEREIKEN.

1 Rol de wasplasticine met een deegroller uit tot een dikte van ongeveer 5 mm.

2 Steek met het vormpje enkele stervormen uit de plasticine.

3 Maak mallen en giet de vormen zoals beschreven in Basistechniek 1, maar sla stap 7 over. Schilder ze donkerblauw, donkerrood en olijfgroen met acrylverf.

MATERIALEN EN BENODIGDHEDEN

WASPLASTICINE • DEEGROLLER • STERVORMIG UITSTEEKVORMPJE • MATERIALEN OPGEGEVEN VOOR BASISTECHNIEK 1 • ACRYLVERF: DONKERBLAUW, DONKERROOD, OLIJFGROEN • PLATTE VERFKWAST VAN 1 CM

OLIFANTENFAMILIE

VERSCHEIDENE FIRMA'S MAKEN KANT-EN-KLARE MALLEN VAN PLASTIC OF SILICONENRUBBER, DIE VERKRIJGBAAR ZIJN BIJ DE HOBBYWINKEL. ZE ZIJN ER VOOR ALLE SMAKEN EN LEEFTIJDEN EN HET IS OOK EEN VAN DE LEUKE KANTEN VAN GIPSGIETEN DAT HET ALLE LEEFTIJDEN AANSPREEKT. DEZE OLIFANTENFAMILIE KUNT U ZO EENVOUDIG OF INGEWIKKELD MAKEN ALS U WILT, AFHANKELIJK VAN HOE INGEWIKKELD U ZE BESCHILDERT. HET IS DUS EEN IDEAAL WERKSTUK OM SAMEN MET KINDEREN UIT TE VOEREN.

1 Steun een van de olifantenmallen in een bakje met droog zand. Giet volgens de gebruiksaanwijzing van het pakket en herhaal dit met de overige mallen.

2 Meng op een witte tegel of schotel zwarte en witte verf tot grijs. Schilder de olifantenhuid, maar laat de ogen, slagtanden en nagels wit. Meng de kleur opnieuw, maar voeg deze keer meer zwart toe om hem donkerder te maken. Schilder rond de ogen, slagtanden en nagels om een omtrek te krijgen.

3 Beschilder de olifanten zoals het voorbeeld van het pakket of naar uw eigen idee. Hier is rood gebruikt om het eerste stel schuine lijnen over de jurk te schilderen. Daarna werd rood met wit gemengd voor de roze lijnen.

MATERIALEN EN BENODIGDHEDEN

PAKKET MET VIER OLIFANTENMALLEN VAN SILICONENRUBBER, GIPS, VERF EN PENSEEL • PLASTIC BAKJE • ZAND • WATER • WITTE TEGEL OF SCHOTEL

Gezichtsmasker

Dit ontwerp is ongebruikelijk omdat de mal van plastic is en uit twee delen bestaat. Het grote deel wordt met gips gevuld en dan wordt het kleinere deel erin gedrukt zodat een dun, hol gezichtsmasker ontstaat. Het kan aan de muur worden gehangen of als masker worden gedragen, maar dan moet u met een scherp hobbymes de ogen eruit snijden. Boor een gat aan de zijkanten en haal er een lint doorheen.

1 Steun het grootste deel van de mal op een zandzak. Giet volgens de gebruiksaanwijzing van de mal. Druk terwijl het gips nog nat is het kleinere deel van de mal in het grote deel en verzwaar hem met een tweede zandzakje. Laat bij kamertemperatuur ongeveer een half uur drogen.

2 Verwijder de mal door met uw vingers op het voorhoofd en de kin van het gezicht te drukken en de mal uit elkaar te trekken. Breek de buitenranden af en schuur de randen glad. Meng op een witte tegel of schotel rode en witte hobby-acrylverf tot roze en verf hiermee de huid. Verf het masker met zwarte hobby-acrylverf. Verf de lippen rood. Meng een donkerder roze en schilder rond de ogen, neus en de buitenkant van het masker om een schaduweffect te creëren.

3 Versier tot slot het masker met een gouden viltstift.

Materialen en benodigdheden

Tweedelige plastic mal van gezichtsmasker • Twee zandzakken • Modelgips • Water • Hobby-acrylverf: rood, wit en zwart • Penseel • Witte tegel of schotel • Goudkleurige viltstift • Hobbymes om ogen uit te snijden (eventueel) • Lint (eventueel)

Geboetseerde druiven

Als u uw eigen ontwerpen kunt boetseren hebt u eindeloos veel mogelijkheden. In dit project wordt een prullenbak versierd met een tros druiven. De prullenbak is bourgognerood geschilderd, de binnenkant is met zwarte lak afgewerkt. Klei is het traditionele materiaal om te boetseren, maar hier is wasplasticine gebruikt. Dit droogt niet zo snel uit en kan rustig blijven liggen terwijl u de mal maakt.

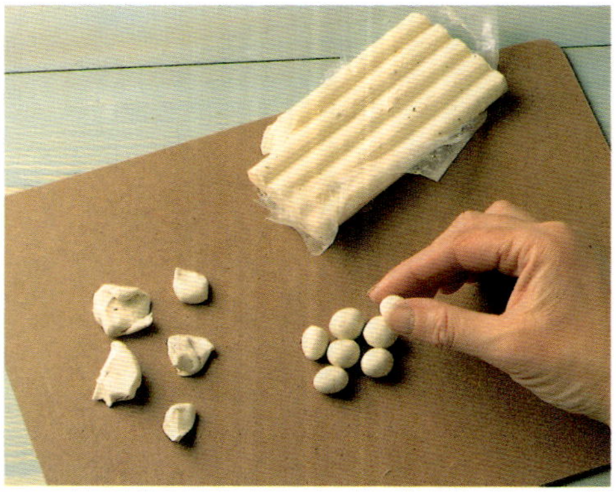

1 Rol kleine stukjes wasplasticine tot ovale balletjes. Leg de druiven in een tros bij elkaar.

2 Snijd met een hobbymes vijfpuntige bladeren uit. Kerf de nerven in.

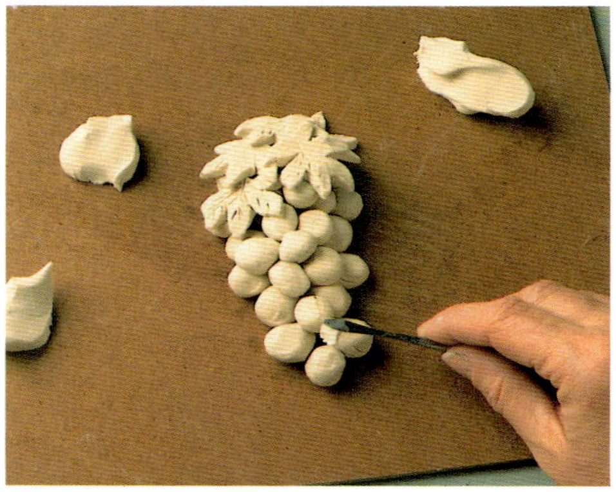

3 Leg de bladeren boven op de tros druiven. Vul openingen tussen de druiven op met een spateltje en wat extra wasplasticine. Giet zoals beschreven in Basistechniek 1, maar sla stap 7 over.

4 Meng op een witte tegel of schotel groene en gele hobby-acrylverf tot een geelgroene kleur. Schilder de druiven. Meng groene en blauwe verf tot een blauwgroene kleur. Schilder de bladeren. Laat 1 uur drogen.

5 Doop uw vinger in een pot verguldcrème. Wrijf een klein beetje op de bladeren om ze te accentueren. Lijm de druiventros met behulp van een spateltje en tweecomponenten epoxyharslijm tegen de zijkant van de prullenbak.

Materialen en benodigdheden

Wasplasticine • Hobbymes • Materialen opgegeven voor Basistechniek 1 • Hobby-acrylverf: groen, geel en blauw • Witte tegel of schotel • Penseel • Verguldcrème • Prullenbak (eventueel) • Tweecomponenten epoxyharslijm

EEN SCHELP VERZILVEREN

IN AFRIKA HEBBEN SOMMIGE GROTE LANDSLAKKEN PRACHTIGE HUISJES. HET ZAL NIET MEEVALLEN OM DE INGEWIKKELDE STRUCTUUR VAN DE NATUUR NA TE BOOTSEN, MAAR DEZE VORM VRAAGT EROM GEBRUIKT TE WORDEN. VOORAL ZILVER IS GESCHIKT OMDAT HET ZOWEL LICHTHEID ALS GLANS GEEFT, ZODAT ELKE LAAG HET LICHT OPVANGT. OM DE JUISTE GLANS TE VERKRIJGEN GEBRUIKEN WE BLADALUMINIUM DAT EEN ANTIEK UITERLIJK KRIJGT MET ZWARTE EN PATINA ACRYLVERF.

1 Giet het slakkenhuis zoals beschreven in Basistechniek 1, maar sla stap 7 over.

2 Schilder het slakkenhuis met twee lagen zwarte acrylverf en laat elke laag 2 uur drogen. Strijk mixtion op waterbasis op het slakkenhuis en strijk luchtblaasjes er met de kwast uit. Laat ongeveer een half uur drogen. Als het klaar is, is de mixtion transparant.

3 Knip het velletje bladaluminium in vieren. Leg de stukjes een voor een op de mixtion en druk met uw vinger naar beneden. Als het slagmetaal vastzit, verwijdert u het papier. De stukken moeten elkaar enigszins overlappen. Als er hier en daar nog stukjes van de ondergrond zichtbaar zijn, vult u die op met kleinere stukjes slagmetaal. Als het slakkenhuis bedekt is, veegt u er luchtig overheen met een droge kwast om overtollig slagmetaal te verwijderen. Breng een laag schellakvernis over het slagmetaal aan om het af te dichten. (Maak de kwast schoon met spiritus.) Laat een half uur drogen.

4 Meng gelijke delen zwarte en patina acrylverf. Verdun tot het de dikte van dikke room heeft en roer goed door. Breng dit over het slagmetaal aan zodat dit geheel bedekt is.

5 Veeg de verf er onmiddellijk af met keukenpapier. Neem steeds een schoon stukje, anders veegt u de verf er weer op.

MATERIALEN EN BENODIGDHEDEN

SLAKKENHUIS • MATERIALEN OPGEGEVEN VOOR BASISTECHNIEK 1 • ACRYLVERF: ZWART EN PATINA • TWEE PLATTE KWASTEN VAN 1 CM • MIXTION OP WATERBASIS • BLADALUMINIUM OP VLOEIPAPIER • KWASTJE • LICHTE SCHELLAK • SPIRITUS • KEUKENPAPIER

Schelp met kleurwassing

Wanneer u een voorwerp uitzoekt om te beschilderen, is het belangrijk dat u zowel naar de vorm als de structuur kijkt. De schelp in dit ontwerp is heel eenvoudig, maar heeft een mooi bewerkt oppervlak. Een kleurwassing die meteen weer wordt afgeveegd, zorgt ervoor dat de basiskleur van het voorwerp op de hogere delen zichtbaar is terwijl de kleurwassing in de diepere delen achterblijft, wat een prachtig verweerd effect geeft.

1 Giet de schelp zoals beschreven in Basistechniek 1, inclusief stap 7.

2 Verf de schelp helemaal met donkergroene acrylverf. Laat 1 uur drogen bij kamertemperatuur. Breng een tweede laag van dezelfde kleur aan en laat drogen.

3 Meng donkergroene acrylverf met gelijke delen wit. Voeg 1 deel water aan 2 delen acrylverf toe en roer goed door. Bedek de schelp helemaal met deze verdunde kleur.

4 Veeg een deel van de natte verf weg met een stuk keukenpapier. Veeg alleen over de verhoogde delen en laat de kleur in de diepere delen zitten. Laat 1 uur drogen. Haal het lint door de lus om de schelp op te hangen.

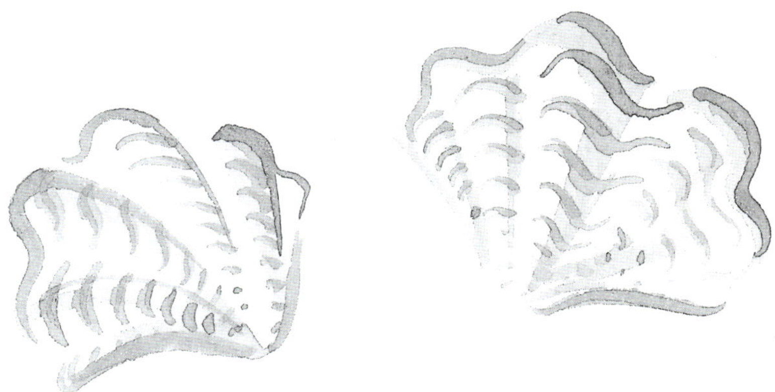

Materialen en benodigdheden

Schelp • Materialen opgegeven voor Basistechniek 1 • Acrylverf: donkergroen en wit • Platte kwast van 1 cm • Keukenpapier • Lint

Gebronsde eikendecoratie

We kunnen niet allemaal even goed beeldhouwen, maar de natuur biedt een overvloed aan interessante vormen om na te maken. Voor deze decoratie heeft de natuur letterlijk model gestaan. Bronskleurige autolak en een zachte groene wassing zorgen ervoor dat ze er uitzien alsof de decoratie van antiek brons is gegoten. In dit werkstuk krijgt een oud kistje uit een rommelwinkel met een kleine decoratie een heel ander uiterlijk.

1 Giet de eikels zoals beschreven in Basistechniek 1, maar sla stap 7 over.

2 Teken de omtrek van twee eikenbladeren op dun wit karton. Knip uit met een klein schaartje.

3 Rol de wasplasticine met een deegroller uit tot een gelijkmatige plak met een dikte van ongeveer 5 mm.

Materialen en benodigdheden

Eikeltjes en eikenbladeren • Materialen opgegeven voor Basistechniek 1 • Dun wit karton • Potlood of balpen • Wasplasticine • Deegroller • Hobbymes • Spateltje • Bronskleurige autolak • Donkergroene acrylverf • Penseel • Keukenpapier • Platte kwast van 1 cm • Houten kistje • Zijdeglans acrylvernis • Tweecomponenten epoxyharslijm

4 Leg de uitgeknipte bladvormen op de plasticine. Snijd met een hobbymes de vormen uit.

5 Kerf met de scherpe kant van een spateltje nerven in de plasticine bladeren.

6 Leg de gegoten eikeltjes op de plasticine blaadjes. Vul eventuele gaten op met extra wasplasticine.

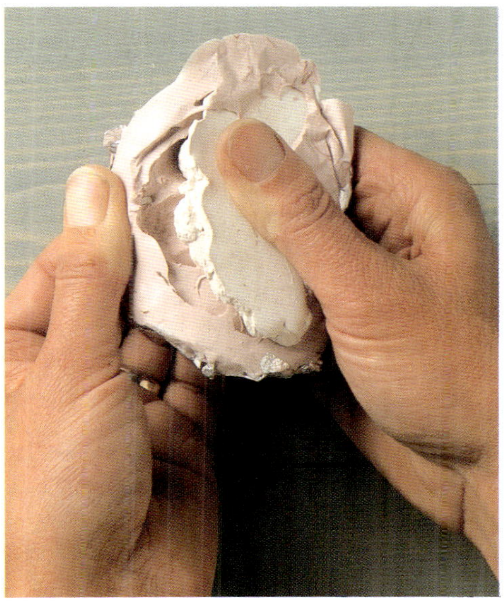

7 Giet het gehele object zoals beschreven in Basistechniek 1, maar sla stap 7 over. Laat het gips minstens 2 uur drogen. Haal het afgietsel heel voorzichtig uit de mal, want de bladeren breken gemakkelijk af.

8 Spuit het afgietsel met bronskleurige autolak tot het helemaal bedekt is. Laat 1 uur drogen.

9 Verdun donkergroene acrylverf met gelijke delen water. Breng dit met een penseel over de bronsverf aan en veeg af met keukenpapier terwijl het nog nat is. Laat wat donkergroene verf in de diepere delen zitten.

▶

10 Breng twee lagen donkergroene acrylverf op het kistje aan en laat elke laag bij kamertemperatuur ongeveer 2 uur drogen.

12 Lijm de eikenversiering met behulp van epoxyharslijm en een spateltje op het kistje.

11 Schilder het kistje met twee lagen zijdeglans acrylvernis en laat elke laag 1 uur drogen.

'IVOREN' ENGELTJE

HET GEBRUIK VAN ECHT IVOOR IS NIET MEER TOEGESTAAN, MAAR OMDAT GIPS KOUD AANVOELT IS HET EEN OVERTUIGENDE VERVANGER. OM EEN 'IVOREN' AFWERKING TE KRIJGEN HOEFT U ALLEEN MAAR AF TE DICHTEN EN KLEURWASSINGEN AAN TE BRENGEN. DIT ENGELTJE WAS OORSPRONKELIJK UIT HOUT GESNEDEN, WAARSCHIJNLIJK TER VERSIERING VAN EEN SCHOORSTEENMANTEL OF MEUBELSTUK. HET STAAT HEEL MOOI ALS HET AAN DE WAND WORDT GEHANGEN.

1 Giet het engeltje zoals beschreven in Basistechniek 1.

2 Bestrijk het engeltje helemaal met een blanke lak op terpentijnbasis. Gebruik een penseel om te zorgen dat de lak zich niet in de diepere delen ophoopt. (Maak het penseel schoon met spiritus.) Laat een half uur drogen alvorens een tweede laag aan te brengen en laat weer drogen.

3 Verdun wat acrylpatina tot het de dikte van dikke room heeft. Breng met een kwast op het engeltje aan.

4 Veeg de natte verf af met keukenpapier. Zorg dat u steeds met een schoon stuk veegt, anders smeert u de verf er weer op. Laat de verf in de diepere delen zitten. Haal het lint door het ophanglusje.

MATERIALEN EN BENODIGDHEDEN

HOUTEN ENGELTJE • MATERIALEN OPGEGEVEN VOOR BASISTECHNIEK 1 • BLANKE LAK OP TERPENTIJNBASIS • PENSEEL • SPIRITUS • ACRYLPATINA • PLATTE KWAST VAN 1 CM • KEUKENPAPIER • LINT

'Antiek' verguld lijstje

Antieke lijsten zijn heel sierlijk, maar vaak erg duur. Bovendien is het vaak moeilijk een bij elkaar passend stel te vinden. In dit project wordt een sierlijk gesneden en verguld lijstje, dat door een negentiende-eeuwse vakman werd gemaakt, precies nagemaakt. In dit geval is de lijst relatief klein, maar dezelfde techniek kan voor grotere lijsten worden gebruikt wanneer u het proces eenmaal beheerst.

1 Deze mal werd gemaakt van een originele lijst volgens Basistechniek 1, stappen 1-4.

2 Omdat deze mal groter is dan die in de vorige projecten, is er meer kans op vervorming wanneer het gips erin wordt gegoten, dus moet hij worden ondersteund. Fijn modelgips vermengd met water is hier ideaal voor. Het droogt snel, dus maak niet teveel tegelijk aan. Meng het op dezelfde manier als modelgips (zie Basistechniek 1, stap 5). Smeer het met een lepel op de buitenkant van de mal en laat 5 cm aan alle zijden vrij.

3 Meng voldoende modelgips (zie Basistechniek 1, stap 5) om de mal tot de helft te vullen. Laat bij kamertemperatuur 1 uur drogen.

4 Leg wasplasticine rond de binnenste rand van de mal boven op het gips. Hierdoor krijgt het lijstje een sponning waarin het glas, een afbeelding en een achterwand geplaatst kunnen worden. De plasticine dient ongeveer 1 cm breed te zijn. ▶

Materialen en benodigdheden

Lijst • Materialen opgegeven voor Basistechniek 1 • Fijn modelgips • Wasplasticine • Twee ophangoogjes • Schuurpapier • Acrylverf: steenrood en patina • Platte kwast van 1 cm • Mixtion op waterbasis • Imitatie-bladgoud op vloeipapier • Stofmasker • Goudbronspoeder • Verguldkwast • Lichte schellak • Spiritus • Keukenpapier

5 Maak weer een beetje modelgips aan en giet het in de mal boven op de eerste laag gips. Druk aan weerskanten van het lijstje voorzichtig twee ophang-oogjes in het natte gips zodat u het later aan de muur kunt hangen. Laat het gips daarna minimaal 1 uur drogen.

6 Haal het afgietsel uit de mal en verwijder de plasticine. Schuur de randen als ze niet geheel glad zijn met schuurpapier. Schilder het lijstje met twee lagen rode acrylverf en laat elke laag 2 uur drogen.

7 Strijk een laag mixtion op waterbasis op het lijstje. Laat ongeveer een half uur drogen. Als het klaar is wordt de mixtion doorzichtig.

8 Knip het imitatie-bladgoud in stukjes van ongeveer 5 cm in het vierkant en leg deze op de mixtion. Wrijf met uw vingers over het vloeipapier zodat het goud stevig aan de lijm blijft plakken. Verwijder het papier. Breng het tweede stuk bladgoud aan en laat dit enigszins overlappen. Wrijf opnieuw met uw vinger en verwijder dan het papier. Herhaal tot het hele lijstje is bedekt. Maak u niet druk als u een stukje hebt overgeslagen. Veeg licht over het lijstje met een droge kwast om overtollig bladgoud te verwijderen.

9 Voor deze stap dient u een stofmasker te dragen. Met zoiets gedetailleerds als dit is het onmogelijk alles met bladgoud te bedekken, maar dat kunnen we met behulp van bronspoeder verhelpen. Doop de verguldkwast in het goudbronspoeder – de kleur moet zo dicht mogelijk bij het bladgoud liggen. Klop overtollig poeder van de kwast af en breng het poeder in de diepere delen van het lijstje aan. Gebruik een stofmasker.

10 Schilder het lijstje met lichte schellak om het goud af te dichten. (Maak de kwast schoon met spiritus.) Verdun wat acrylpatina tot de dikte van dikke room en roer goed door. Bedek het lijstje met verf en werk het goed in de diepere delen. Veeg de verf meteen weer af met keukenpapier. Gebruik steeds een schoon stukje, anders smeert u de verf er weer op.

Strik van gips

Niet alle gipsdecoraties hoeven met een mal te worden vervaardigd. Het dopen van voorwerpen in gips is een andere traditionele methode. Deze sierstrik kan worden gebruikt om een schilderijhaak aan het oog te onttrekken, terwijl het schilderij eronder aan een stuk lint hangt. Het zou ook een mooie versiering voor gordijnkappen kunnen zijn. Pas het formaat en de vorm van de strikken aan uw eigen wensen aan.

1 Knoop een mooi gordijnkoord in een strik. Laat de uiteinden iets in lengte verschillen.

2 Naai als de strik wordt opgehangen een ringetje aan de achterkant van de knoop.

3 Meet de strik en zaag een stuk hardboard dat aan alle kanten 15 cm groter is dan de strik. Knip een stuk aluminiumfolie iets breder dan de strik en groot genoeg om over de boven- en onderkant van het hardboard te vouwen. Bestrijk de folie met vaseline en vouw de uiteinden om het hardboard. Leg de strik op de folie. Sla met een hamer voorzichtig spijkertjes in het hardboard op de hoeken van de strik. Plaats de spijkertjes net binnen de strik, niet erdoorheen. Deze spijkertjes worden later gebruikt om de strik van gips op zijn plaats te houden tijdens het drogen.

4 Maak het gips aan in een bakje zoals beschreven in Basistechniek 1, stap 5. Haal de strik van het hardboard af en doop hem in het gips.

5 Bevestig de natte strik aan de spijkertjes op het hardboard. Zet het plaatje rechtop zodat het overtollige gips naar beneden kan lopen.

▶

Materialen en benodigdheden

Gordijnkoord • Ringetje (eventueel) • Naald en draad (eventueel) • Hardboard • Aluminiumfolie • Spijkers, 2 cm • Hamer • Water • Gips • Lepel • Plastic bakje • Hobbymes • Platte kwast van 1 cm • Koningsblauwe acrylverf • Verguldcrème

6 Laat 2 uur drogen. Haal de strik daarna voorzichtig van de spijkertjes. Schraap alle gips weg die niet de contouren van de strik volgt.

7 Schilder met de platte kwast van 1 cm de strik met koningsblauwe acrylverf.

8 Wrijf met uw vinger luchtig verguldcrème op de strik om de contouren te accentueren.

Rechts: De strik van gips ziet er verguld met bladgoud indrukwekkend uit.

SIERPAPRIKA

VRUCHTEN EN GROENTEN KOMEN IN ALLE VORMEN EN MATEN VOOR EN ZIJN GEMAKKELIJK VERKRIJGBAAR. ELKE VORM, MITS NIET TE INGEWIKKELD, IS PERFECT OM TE GIETEN. EEN PAPRIKA IS IDEAAL OMDAT HIJ RECHTOP KAN STAAN. DE KLEUR DIE HIER IS GEKOZEN IS EEN NATUURLIJKE PAPRIKAKLEUR, MAAR DOOR EEN VERGULD STEELTJE TOE TE VOEGEN WORDT HET EEN STIJLVOL ORNAMENT. VERSCHILLENDE PAPRIKA'S IN EEN HOUTEN SCHAAL ZIEN ER SAMEN PRACHTIG UIT.

1 Giet de paprika zoals beschreven in Basistechniek 2.

2 Schilder het steeltje met twee lagen steenrode acrylverf. Laat elke laag 2 uur drogen. Breng met uw vinger verguldcrème op het steeltje aan. Laat een beetje van het rood doorschemeren voor een oud effect.

3 Schilder de rest van de paprika met steenrode acrylverf. Laat minstens 2 uur drogen alvorens de volgende laag op te brengen. Laat 24 uur drogen.

4 Voeg gelijke delen water aan bourgognerode acrylverf toe. Schilder hiermee de paprika behalve het steeltje. Laat 1 uur drogen.

5 Veeg met een nat pannensponsje hier en daar de bourgognerode verf weg zodat de steenrode verf eronder zichtbaar wordt. Laat 1 uur drogen.

6 Lak met twee lagen zijdeglans acrylvernis.

MATERIALEN EN BENODIGDHEDEN

PAPRIKA • MATERIALEN OPGEGEVEN VOOR BASISTECHNIEK 2 • ACRYLVERF: STEENROOD EN BOURGOGNEROOD • PLATTE KWAST VAN 1 CM • VERGULDCRÈME • PANNENSPONSJE • ZIJDEGLANS ACRYLVERNIS

SCHELPENWANDPLAAT

HET IS NIET ALTIJD NODIG OM SILICONE TE GEBRUIKEN OM GIPSFIGUREN TE MAKEN. VOORWERPEN IN NAT GIPS ONDERDOMPELEN GAAT OOK PRIMA. IN DIT ONTWERP WORDEN SCHELPEN GEBRUIKT, MAAR ANDERE DINGEN ZOALS GROENTEN OF VIS ZIJN OOK GESCHIKT. DE RANGSCHIKKING VAN DE SCHELPEN IS VAN GROOT BELANG VOOR EEN EVENWICHTIGE COMPOSITIE, DUS BESTEED ENIGE TIJD AAN HET PLANNEN DOOR SCHETSEN TE MAKEN. HET IS OOK BELANGRIJK OM NIET TE VEEL SCHELPEN TE GEBRUIKEN, ANDERS WORDT HET TE VOL, EN NEEM VERSCHILLENDE VORMEN EN MATEN VOOR DE VARIATIE.

1 Vet de schelpen in met vaseline zodat ze niet aan het natte gips blijven plakken.

2 Meng wat modelgips in een bakje zoals beschreven in Basistechniek 1, stap 5. Giet in een grote plastic bak tot deze half vol is. Laat 1 uur drogen. Maak nog wat gips aan en giet het op de eerste laag tot het bakje vol is. Druk de schelpen zo diep mogelijk in het gips zonder ze helemaal onder te dompelen.

3 Laat het gips een uur drogen en verwijder dan de schelpen.

MATERIALEN EN BENODIGDHEDEN

SCHELPEN • VASELINE • MODELGIPS • WATER • LEPEL • KAN • GROTE ONDIEPE PLASTIC BAK • ACRYLVERF: DONKERGROEN EN LICHTGROEN • TWEE KWASTEN VAN 1 CM • VERGULDCRÈME • HANDBOORTJE • SCHILDERIJKOORD • TWEECOMPONENTEN EPOXYHARSLIJM • PLAKBAND

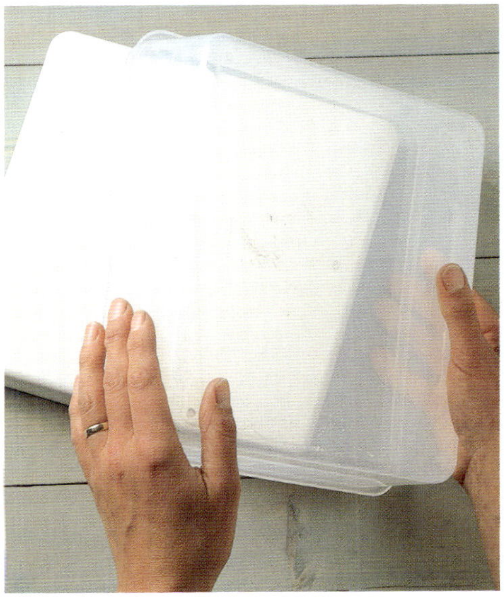

4 Keer de plastic bak om en tik er voorzichtig op om het gips eruit te krijgen.

5 Schilder het hele afgietsel met een laag donkergroene acrylverf. Laat 1 uur drogen.

6 Gebruik twee kwasten, één voor de donkergroene en één voor de lichtgroene verf en tamponneer lichtgroene acrylverf op een klein deel van de plaat. Tamponneer er wat donkergroene verf naast terwijl de lichtgroene nog nat is. Vermeng de twee kleuren waar ze samenkomen door de donkergroene verf enigszins op de natte lichtgroene verf te tamponneren. Herhaal dit proces tot het hele oppervlak is bedekt.

7 Laat de verf 2 uur drogen. Wrijf met uw vinger vergulde crème in de schelpafdrukken.

8 Maak met een handboortje een gaatje in de achterkant van de plaat. Maak een lusje in een stukje schilderijkoord. Breng lijm in het gat aan en duw de knoop van het lusje erin. Plak een stukje plakband over het gat om het touwtje op zijn plaats te houden. Laat 24 uur drogen. ▶

Boven: Varieer de kleurkeuze en schildertechnieken om verschillende effecten te krijgen. Deze plaat heeft een lichtblauwe kleurwassing gekregen voor een fris, eigentijds effect.

HERFSTIGE ZAADDOOSJES

DE HERFST BIEDT EEN OVERVLOED AAN IDEEËN OM TE GIETEN. ER VERSCHIJNEN ZAADDOOSJES EN BESSEN IN ALLERLEI KLEUREN EN VORMEN DIE GEMAKKELIJK IN GIPS GEGOTEN KUNNEN WORDEN ZOLANG ZE MAAR REDELIJK STEVIG ZIJN. ALS ZE GESCHILDERD ZIJN, VORMEN ZE PRACHTIGE VERSIERINGEN VOOR LIJSTEN, DOZEN EN MEUBELS. IN DIT GEVAL ZORGEN DE AFGIETSELS GEMAAKT VAN ZAADDOOSJES VAN DE GELE LIS, VOOR EEN AARDIGE INGELIJSTE AFBEELDING.

1 Giet verschillende zaaddoosjes zoals in Basistechniek 1, maar sla stap 7 over.

2 Schilder een stuk hardboard met twee lagen hemelsblauwe acrylverf. Laat elke laag bij kamertemperatuur minstens 2 uur drogen.

3 Meng 2 delen lichtblauwe verf met 1 deel water. Dep de kleur met een sponsje op het geschilderde board zodat u een gesponsd effect krijgt. Laat 1 uur drogen.

4 Meng met een penseel gele oker en groene hobby-acrylverf door elkaar op een witte tegel of schotel. Schilder het omhulsel van de zaaddoosjes hiermee en laat 1 uur drogen.

5 Schilder de zaden in het zaaddoosje met rode hobby-acrylverf.

6 Lijm de geschilderde zaaddoosjes met behulp van een spateltje en tweecomponenten epoxyharslijm op het geschilderde board. Laat 24 uur drogen en lijst hem dan in.

MATERIALEN EN BENODIGDHEDEN

ZAADDOZEN • MATERIALEN OPGEGEVEN VOOR BASISTECHNIEK 1 • STUKJE HARDBOARD • ACRYLVERF: HEMELSBLAUW EN LICHTBLAUW • PLATTE KWAST VAN 1 CM • WATER • POTJE • NATUURSPONSJE • PENSEEL • HOBBY-ACRYLVERF: GELE OKER, GROEN EN ROOD • WITTE TEGEL OF SCHOTEL • TWEECOMPONENTEN EPOXYHARSLIJM • LIJSTJE

LETTERS VAN HET ALFABET

HET IN GIPS GIETEN VAN LETTERS OF INITIALEN IS EEN HEEL BRUIKBARE EN AARDIGE TECHNIEK, EN DE LETTERS KUNNEN OP EEN HELEBOEL MANIEREN BESCHILDERD WORDEN. ZE KUNNEN WORDEN GEBRUIKT OP KAMERDEUREN, OM PERSOONLIJKE BEZITTINGEN AAN TE GEVEN OF OM DECORATIEVE FRIEZEN TE MAKEN. HET OORSPRONKELIJKE ONTWERP IS AFKOMSTIG VAN EEN VEL WRIJFLETTERS EN KAN MET EEN KOPIEERAPPARAAT TOT ELK GEWENST FORMAAT WORDEN VERGROOT.

1 Kopieer en vergroot een letter van een vel wrijfletters tot de gewenste grootte.

2 Leg wasplasticine op de gekopieerde letter en volg precies de vorm. Strijk glad met uw vinger. Snijd indien nodig overtollige plasticine met een hobbymes weg. Giet de letter zoals beschreven in Basistechniek 1, maar sla stap 7 over.

3 Breng met een penseel twee lagen donkerblauwe acrylverf op de gipsletter aan. Laat de letter na elke laag 2 uur drogen.

4 Accentueer de letter met behulp van een goudkleurige viltstift.

MATERIALEN EN BENODIGDHEDEN

VELLETJE WRIJFLETTERS • WASPLASTICINE • HOBBYMES • MATERIALEN OPGEGEVEN VOOR BASISTECHNIEK 1 • DONKERBLAUWE ACRYLVERF • PENSEEL • GOUDKLEURIGE VILTSTIFT

BOSCOLLAGE

BOSSEN LIGGEN VOL MET INTERESSANTE MATERIALEN – BLADEREN, SCHORS, BESSEN EN PADDESTOELEN – DIE ALLEMAAL ZEER DECORATIEF ZIJN EN GEMAKKELIJK TE GIETEN. ALS U GOED RONDKIJKT, ZAL ELKE BOSWANDELING U OP GEWELDIGE IDEEËN BRENGEN. SCHORS IS BUITENGEWOON GEVARIEERD, MET FRAAIE CONTOUREN DIE SPECIFIEK ZIJN VOOR DE BOOM; DE SCHORS IN DIT PROJECT IS VAN EEN EIK. DE EIKELTJES EN BLADEREN WAREN AL EERDER GEGOTEN VOOR DE GEBRONSDE EIKENDECORATIE, WAAR ZE WERDEN GEBRUIKT OM EEN OUD HOUTEN KISTJE TE VERFRAAIEN. IN COMBINATIE MET DE GEGOTEN BAST VORMEN ZE EEN SCHITTERENDE NATUURCOLLAGE.

1 Giet de eikeltjes en bladeren zoals beschreven bij de Gebronsde eikendecoratie. Snijd de paddestoelen doormidden en giet ze zoals beschreven in Basistechniek 1, maar sla stap 7 over.

2 Vul eventuele grote spleten in de schors op met wasplasticine. Gebruik hiervoor het spateltje.

3 Omdat de schors zo ingewikkeld is, is het handiger om er een dikke laag silicone op te smeren (zie Basistechniek 1, stap 3) in plaats van een gietlaag die bij het verwijderen kan scheuren. Giet zoals beschreven in Basistechniek 1.

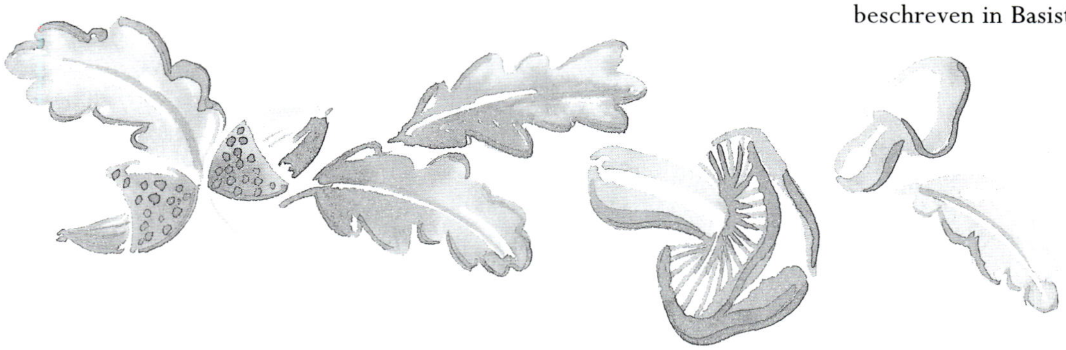

MATERIALEN EN BENODIGDHEDEN

EIKELTJES • EIKENBLADEREN • DUN WIT KARTON • POTLOOD OF BALPEN • WASPLASTICINE • SPATELTJE • DEEGROLLER • HOBBYMES • MATERIALEN OPGEGEVEN VOOR BASISTECHNIEK 1 • PADDESTOELEN • SCHORS • ACRYLVERF: DONKERGROEN, LICHTGROEN, STEENROOD EN PATINA • PLATTE KWAST VAN 1 CM • KEUKENPAPIER • PENSEEL • MIXTION OP WATERBASIS • IMITATIE-BLADGOUD OP VLOEIPAPIER • WATER • TWEECOMPONENTEN EPOXYHARSLIJM

4 Schilder de gegoten bast met donkergroene acrylverf. Laat de verf vervolgens 2 uur drogen.

5 Verdun wat lichtgroene acrylverf met gelijke delen water. Schilder dit over de donkergroene verf heen.

6 Veeg de verf er meteen weer af met keukenpapier, zodat het alleen in de diepere delen achterblijft.

7 Schilder met een penseel de paddestoelen en eikendecoraties met steenrode acrylverf. Laat 2 uur drogen.

8 Breng een dunne laag mixtion aan op de eikeltjes, de blaadjes en de paddestoelen. Laat 1 uur drogen. De mixtion is nu doorzichtig geworden en klaar voor verder gebruik.

9 Knip imitatie-bladgoud in kleine stukjes en leg die op de mixtion. Strijk het bladgoud met uw vinger glad tot het blijft plakken en verwijder dan het vloeipapier. Laat de stukjes iets overlappen. Verwijder overtollig bladgoud met uw vinger.

▶

10 Verdun wat acrylpatina tot het zo dik is als koffieroom. Schilder dit over het goud heen en veeg het meteen weer af met keukenpapier. Laat wat verf in de diepere delen zitten.

11 Plak met behulp van het spateltje en tweecomponenten epoxyharslijm de eikeltjes, blaadjes en paddestoelen op de schors. Laat 24 uur drogen.

12 Tamponneer met een penseel donkergroene acrylverf op de eikeltjes, blaadjes en paddestoelen, zodat ze bij de schors passen.

DECORATIEF BLIKJE

PORSELEINEN TERRINES HEBBEN VAAK PRACHTIG GEVORMDE HANDVATEN EN KNOPPEN, DIE GEGOTEN KUNNEN WORDEN, WAARNA ZE EEN NIEUW LEVEN KRIJGEN OP EEN ANDER VOORWERP. HIER IS HET KNOPJE GEGOTEN VAN EEN BLAUW-WITTE GROENTESCHAAL, WAARVAN HET ONDERSTE DEEL LANG GELEDEN IS GEBROKEN OF ZOEKGERAAKT. HET BLIKJE KOMT UIT EEN ROMMELWINKEL EN KREEG EEN GESPATTE VERGULDE AFWERKING OM ER EEN EXOTISCH BUSJE VAN TE MAKEN.

1 Giet het knopje van het porseleinen deksel zoals beschreven in Basistechniek 1. Sla stap 1 over en gebruik geen gietlaag zoals in stap 2 beschreven is, aangezien het niet mogelijk is om deze te omsluiten. In plaats daarvan dient de eerste laag opgebracht te worden zoals beschreven in stap 3. Haal als hij droog is de mal van de knop af en houd hem tegen het licht. Als er gaten of dunne plekken in zitten maakt u nog wat silicone aan zoals beschreven in stap 3 en brengt u dit over de eerste laag aan.

2 Dicht het blikje af met blanke lak op terpentijnbasis. (Reinig de kwast met spiritus.) Laat drogen. Beschilder het blikje daarna met twee lagen zwarte acrylverf. Laat elke laag 2 uur drogen.

3 Bestrijk het blikje met een laag mixtion op waterbasis en laat ongeveer een half uur staan. Scheur kleine stukjes imitatie-bladgoud af en druk die met uw vinger op het blikje.

4 Schilder het knopje met twee lagen zwarte acrylverf en laat drogen. Wrijf met uw vinger verguldcrème op de hoge delen van het knopje.

5 Lijm met behulp van een spateltje en tweecomponenten epoxyharslijm het knopje op het deksel van het blikje. Lak het blikje met lichte schellak om het bladgoud af te dichten. (Reinig de kwast met spiritus.)

MATERIALEN EN BENODIGDHEDEN

PORSELEINEN DEKSEL MET KNOP • BLIKJE • MATERIALEN OPGEGEVEN VOOR BASISTECHNIEK 1 • BLANKE LAK OP TERPENTIJNBASIS • SPIRITUS • ZWARTE ACRYLVERF • PLATTE KWAST VAN 1 CM • MIXTION OP WATERBASIS • LOS IMITATIE-BLADGOUD • VERGULDCRÈME • TWEECOMPONENTEN EPOXYHARSLIJM • LICHTE SCHELLAK

'Gebeeldhouwde' kandelaar

Een van de leukste dingen van het zelf mallen maken is dat je de mogelijkheid hebt om een versiering van een voorwerp te nemen en er iets totaal anders van te maken. Er zijn veel soorten decoraties op meubels, schoorsteenmantels en plafonds die gegoten kunnen worden en vervolgens omgetoverd tot iets heel anders. In dit project wordt de decoratie van een oude stoel gebruikt als basis voor een kandelaar.

1 Volg Basistechniek 1, maar sla de stappen 1, 2 en 7 over. De eerste laag silicone moet met een spateltje worden opgebracht, dus meng het zoals in stap 3.

2 Verwijder de mal en houd hem tegen het licht. Als er gaatjes of dunne plekken in zitten, mengt u nog wat dikke silicone zoals beschreven in stap 3 en smeert dit over de eerste laag.

3 Maak een afgietsel van gips zoals in Basistechniek 1. Boor met een klein boortje geleidelijk het midden uit tot het gat zo groot is dat er een kaars in past.

4 Schilder twee lagen olijfgroene acrylverf op de kandelaar. Laat elke laag 2 uur drogen.

5 Schilder met een penseel de kleinere bloembladen en het midden van de bloem met goudkleurige hobby-acrylverf. Laat 1 uur drogen.

6 Verdun wat acrylpatina tot het de dikte heeft van koffieroom. Breng dit aan op de kandelaar en veeg het er meteen weer af, zodat er alleen wat verf in de diepere delen achterblijft. Laat 2 uur drogen.

▶

Materialen en benodigdheden

Stoelrozet of andere soortgelijke decoratie • Materialen opgegeven voor Basistechniek 1 • Modelleerboortje • Kaars • Acrylverf: olijfgroen en patina • Platte kwast van 1 cm • Goudkleurige hobby-acrylverf • Penseel • Keukenpapier • Zijdeglans acrylvernis

7 Breng twee lagen zijdeglans acryl-vernis aan.

8 Schilder de onderkant van de kandelaar met olijfgroene verf.

Boven: U kunt de kandelaar schilderen in kleuren die bij uw favoriete couvert passen. De kandelaar op de voorgrond is verguld met bladgoud.

Huisnummerbord

Het maken van een nummerbord voor uw huis is een dankbaar werkje. Gips kan buitenshuis worden gebruikt zolang het niet bevriest. Op het bordje kan een afbeelding van de omgeving van het huis komen te staan of de naam van de straat. Een bordje voor een huis aan de kust kan bijvoorbeeld worden versierd met zeemotieven. In dit werkstuk vertegenwoordigen de eikeltjes de naam van de straat: Boslaan.

1 Vet een plastic nummer in met een laagje vaseline.

2 Vet een stuk aluminiumfolie in met vaseline. Maak van legostenen boven op de folie een doos van minstens drie stenen hoog. Laat aan de bovenkant een ruimte van twee stenen open. Leg hierin een koperen bevestigingsplaatje met twee schroeven in de schroefgaatjes. Laat de bovenkant van het plaatje boven de doos uitsteken zodat het later kan worden gebruikt om het bordje aan de muur te hangen. Vul het gat op met wasplasticine. Meng modelgips zoals beschreven in Basistechniek 1, stap 5 en vul de doos met gips.

3 Druk het ingevette nummer in het natte gips. Laat 1 uur drogen.

Materialen en benodigdheden

Plastic nummer • Materialen opgegeven voor Basistechniek 1 • Legostenen • Koperen bevestigingsplaatje met twee schroeven • Wasplasticine • Eikeltjes • Tweecomponenten epoxyharslijm • Penseel • Buitenverf: zwart en blauw • Platte kwast van 1 cm • Olieverf: lichtblauw en roodbruin • Terpentijn • Keukenpapier • Buitenlak

4 Haal het plastic nummer voorzichtig uit het gips.

5 Giet de eikeltjes zoals beschreven in Basistechniek 1, maar sla stap 7 over. Lijm ze op het bordje. Laat het nummerbord 24 uur drogen.

6 Kleur het nummer in met een penseel en zwarte buitenverf. (Reinig het penseel zoals aangegeven op het verfblik.)

7 Schilder de rest van het bord met blauwe buitenverf en een kwast.

8 Verdun wat lichtblauwe kunstschildersolieverf met terpentijn. Smeer dit met keukenpapier op het bordje om een gevlekt effect te krijgen. Accentueer de eikeltjes op dezelfde manier met roodbruine olieverf. Lak het bordje met een buitenlak.

8

KEUKENSCHOOLBORD

EEN SCHOOLBORD IN DE KEUKEN IS HEEL HANDIG OM BOODSCHAPPENLIJSTJES EN MEDEDELINGEN OP TE SCHRIJVEN. ALS U IETS VOOR EEN BEPAALD VERTREK MAAKT, PROBEER DAN DECORATIES TE GEBRUIKEN DIE BIJ DAT VERTREK PASSEN.

VEEL GROENTEN EN VRUCHTEN ZIJN IDEAAL OM TE GIETEN. VOOR DIT PROJECT ZIJN PEPERTJES EN CHAMPIGNONS GEKOZEN ALS VERSIERING VOOR HET SCHOOLBORD, MAAR ZAADDOZEN, BESSEN EN TARWE HADDEN OOK GOED GEKUND.

1 Snijd de groenten doormidden en giet ze zoals beschreven in Basistechniek 1, maar sla stap 7 over. Maak in totaal acht halve pepertjes en vier halve champignons.

2 Leg het kleinste stuk vezelplaat op het grootste en lijm ze aan elkaar met houtlijm. Boor een gaatje in het midden van de bovenkant van het grootste stuk – hiermee kan het schoolbord aan een schilderijhaakje worden opgehangen. Schilder het kleinste stuk plaat met een platte kwast van 6 cm met twee lagen schoolbordverf. Laat elke laag 2 uur drogen. (Reinig de kwast met terpentine.)

3 Verf de 'lijst' met koningsblauwe acrylverf. Gebruik hiervoor een platte kwast van 1 cm.

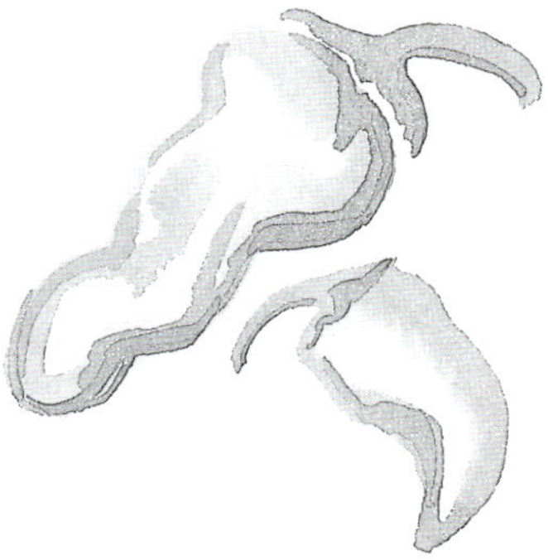

MATERIALEN EN BENODIGDHEDEN

PEPERTJES EN CHAMPIGNONS • MATERIALEN OPGEGEVEN VOOR BASISTECHNIEK 1 • 6 MM DIK VEZELPLAAT, 70 X 50 CM • 13 MM DIK VEZELPLAAT, 50 X 50 CM • HOUTLIJM • BOOR • PLATTE KWAST VAN 6 CM • SCHOOLBORDVERF • TERPENTINE • KONINGSBLAUWE ACRYLVERF • PLATTE KWAST VAN 1 CM • PENSEEL • HOBBY-ACRYLVERF: ROOD EN GROEN • BLANKE LAK OP TERPENTIJNBASIS • SPIRITUS • TWEECOMPONENTEN EPOXYHARSLIJM

4 Schilder de gipsen pepertjes met rode hobby-acrylverf. Laat een half uur drogen en schilder vervolgens de steeltjes met groene hobby-acrylverf.

5 Schilder de champignons met twee lagen blanke lak op terpentijnbasis. Laat elke laag een half uur drogen. (Reinig het penseel met spiritus.)

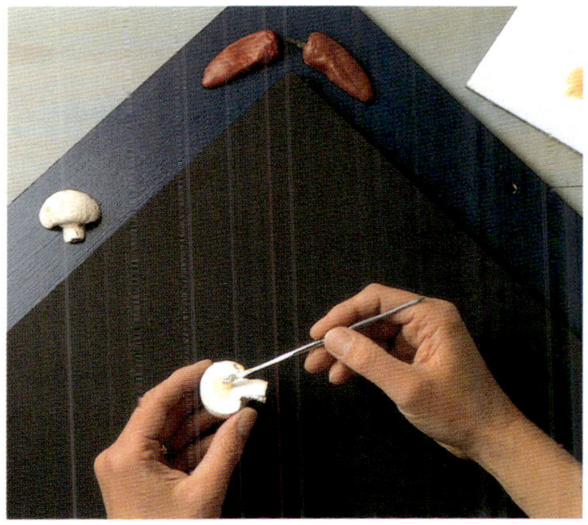

6 Plaats twee pepertjes op elke hoek van de lijst, met de steeltjes tegen elkaar. Plaats halverwege de lange kanten twee champignons. Lijm de decoraties vast met behulp van tweecomponenten epoxyharslijm en een spateltje.

SCHELPENSPIEGEL

EEN SPIEGEL VERBETERT ELK VERTREK, OMDAT HIJ EEN GEVOEL VAN LICHT EN RUIMTE GEEFT. OUDE LIJSTEN ZIJN HEEL VOORDELIG OP DE KOP TE TIKKEN IN ROMMELWINKELS OF BIJ VEILINGEN. LIJSTEN MET SIMPELE BREDE RANDEN ZIEN ER AANVANKELIJK SAAI UIT, MAAR ZE VORMEN DE IDEALE BASIS VOOR FANTASIERIJKE DECORATIE. DE LIJST IN DIT PROJECT, DIE OORSPRONKELIJK BEDEKT WAS MET DIKKE DONKERE LAK, WORDT EEN EXOTISCHE SPIEGELLIJST DIE IDEAAL IS VOOR EEN SLAAPKAMER OF BADKAMER.

1 Giet een kleine kamschelp zoals beschreven in Basistechniek 1, maar sla stap 7 over. U hebt er vier nodig.

2 Breng twee lagen terracotta acrylverf op de lijst aan. Laat elke laag 2 uur drogen.

3 Verdun wat bruine acrylverf met gelijke delen water. Verf de lijst en veeg meteen weer af met keukenpapier. Laat genoeg verf zitten om een gesleept effect te krijgen.

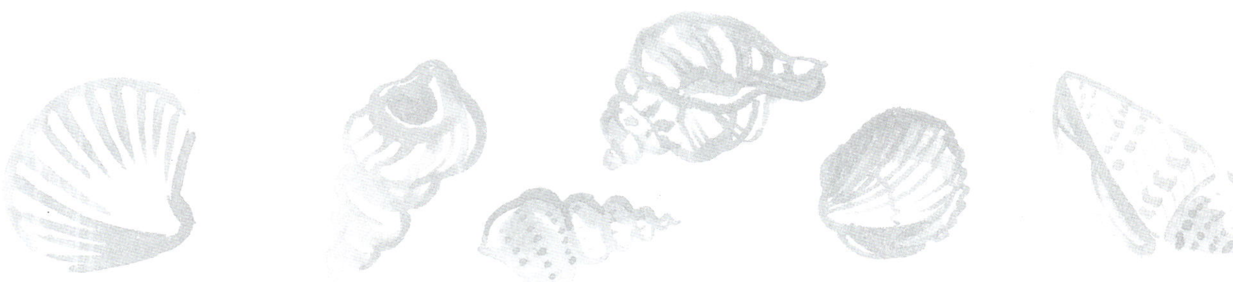

MATERIALEN EN BENODIGDHEDEN

KAMSCHELP • MATERIALEN OPGEGEVEN VOOR BASISTECHNIEK 1 • LIJST • PLATTE KWAST VAN 1 CM • SPIRITUS • ACRYLVERF: TERRACOTTA, BRUIN, STEENROOD, PATINA • KEUKENPAPIER • ZIJDEGLANS ACRYLVERNIS • PENSEEL • MIXTION OP WATERBASIS • LICHTE SCHELLAK • IMITATIE-BLADGOUD OP VLOEIPAPIER • TWEECOMPONENTEN EPOXYHARSLIJM

4 Lak de lijst met twee lagen zijdeglans acrylvernis. Laat elke laag steeds 1 uur drogen.

5 Schilder de schelpen met een penseel met rode acrylverf. Laat ze 1 uur drogen. Breng een laag mixtion aan. Laat een half uur rusten tot de mixtion doorzichtig is geworden.

6 Knip een velletje imitatie-bladgoud in stukken die groot genoeg zijn om een schelp te bedekken. Breng op de mixtion aan. Wrijf met uw vinger over het goud en haal het vloeipapier weg als het goud eenmaal blijft plakken. Als er stukken niet bedekt zijn, voegt u nog wat stukjes bladgoud toe. Strijk lichte schellakvernis op de schelpen om het bladgoud af te dichten. (Reinig het penseel met spiritus.) Laat een half uur drogen.

7 Verdun wat acrylpatina tot de dikte van koffieroom. Roer goed door. Schilder dit met een kwast over het goud. Veeg meteen af met een stuk keukenpapier zodat alleen in de diepe delen verf achterblijft.

8 Lijm de versierde schelpen met epoxyharslijm met behulp van een spateltje op de hoeken van de lijst. Laat de lijst 24 uur drogen.

▶

Boven: Zeeschelpen en landschelpen in allerlei vormen en maten kunnen worden gegoten, beschilderd en op schilderij- en spiegellijsten worden aangebracht.

Het aanpassen van houtsnijwerk

Houtsnijwerk met zijn mooie en soms ingewikkelde patronen kan gemakkelijk in gips worden nagemaakt. Als het stuk ouder is dan 75 jaar valt het buiten het auteursrecht en mag dus gekopieerd worden. Dit houtsnijwerk was te klein voor het haardscherm waarvoor het bedoeld was, dus moest het worden aangepast. Dit werkstuk laat zien hoe u delen van houtsnijwerk in gips kunt gieten om een totaal ander patroon te creëren.

1 Het originele houtsnijwerk werd tweemaal in gips gegoten zoals beschreven in Basistechniek 1, zonder stap 7.

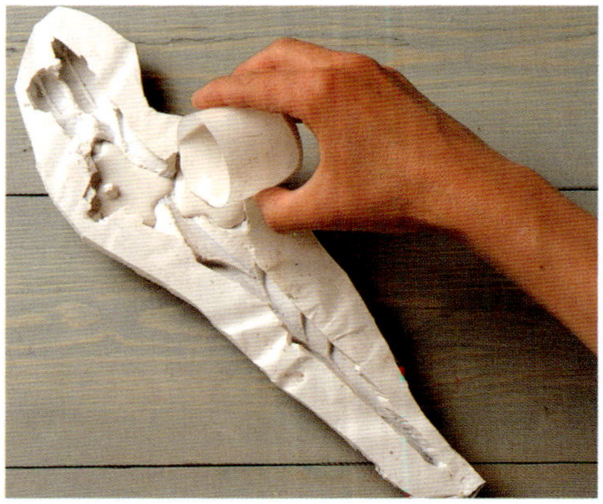

2 Meng een klein potje modelgips zoals beschreven in Basistechniek 1, stap 5. Giet het gips in de delen van de mal waar de bloemen zich bevinden.

3 Laat een half uur drogen alvorens ze uit de mal te halen. Werk de randen bij met een hobbymes.

4 Lijm met behulp van een spateltje en epoxyharslijm de twee hoofddelen aan elkaar. Plaats de twee bloemen op de onderste helft en lijm ze vast.

5 Laat de lijm 24 uur drogen en vul dan met behulp van een spateltje de openingen met wasplasticine.

6 Giet zoals beschreven in Basistechniek 1, maar sla stap 7 over. Laat het gips 1 uur drogen alvorens het uit de mal te halen.

Materialen en benodigdheden

Houtsnijwerk • Materialen opgegeven voor Basistechniek 1 • Klein plastic potje • Hobbymes • Tweecomponenten epoxyharslijm • Wasplasticine • Spateltje

BOEKENSTEUNEN

WAT KAN BETER ALS BOEKENSTEUN DIENEN DAN BOEKEN? IN DIT PROJECT WORDEN DRIE BOEKEN GEBRUIKT, WAARVAN EEN DUNNE DIE PLAT KAN LIGGEN OM DE ANDERE TWEE TE ONDERSTEUNEN. OUDE BOEKEN MET INTERESSANTE PATRONEN OP HET OMSLAG EN VERSIERDE RUGGEN ZIJN HET MEEST GESCHIKT. ALS ZE GEGOTEN EN BESCHILDERD ZIJN, ZIJN DE SIERPATRONEN PERFECT NAGEMAAKT. DE RUGGEN KUNNEN DAN MET EEN GOUDKLEURIGE VILTSTIFT WORDEN VERSIERD.

1 Bepaal het ontwerp van uw boekensteunen. Gebruik het dunste boek voor de basis, het kortste voor de buitenkant en het hoogste als steun voor de echte boeken. Knip drie stukken aluminiumfolie die aan alle kanten 8 cm groter zijn dan de boeken en vet deze in met vaseline. Leg de boeken hierop en maak een opstaand randje. Laat langs de randen 1 cm vrij. De delen van de boeken die niet zichtbaar zijn als de afgietsels aan elkaar worden gezet, moeten op de folie liggen.

2 Giet zoals beschreven in Basistechniek 1, stappen 1, 2 en 3. Omdat het grootste boek aan een kant geheel zichtbaar is en aan de andere kant gedeeltelijk (tot aan het punt waar het kleinere 'boek' er tegenaan komt), is het belangrijk om een stukje van de tweede kant van dit boek met siliconenrubber te bedekken. Herhaal dit proces aan de andere kant zover als nodig is als het rubber droog is.

3 Omdat de mallen groter zijn dan gewoonlijk, moeten ze ondersteund worden. Fijn modelgips is hier zeer geschikt voor – meng zoals aangegeven in Basistechniek 1, stap 5. Laat het gips het rubber aan de bovenkant geheel bedekken, maar laat 1,5 cm langs de rand vrij. Het gips wordt snel hard, dus maak steeds voldoende aan voor één boek tegelijk.

MATERIALEN EN BENODIGDHEDEN

DRIE BOEKEN • MATERIALEN OPGEGEVEN VOOR BASISTECHNIEK 1 • FIJN MODELGIPS • SCHUURPAPIER • ACRYLVERF: DONKERROOD, DONKERBLAUW, DONKERGROEN EN PATINA • PLATTE KWAST VAN 1 CM • KEUKENPAPIER • GOUDKLEURIGE VILTSTIFT • VERGULDCRÈME (EVENTUEEL) • TWEECOMPONENTEN EPOXYHARSLIJM

4 Laat het gips 4 uur drogen alvorens het siliconenrubber te verwijderen. Haal de boeken uit het rubber en ondersteun de mal in de verharde gipsen ondersteuning. Vul met modelgips zoals beschreven in stappen 5-9, maar sla stap 7 over. Verwijder als het droog is. Op de foto wordt de grootste van de drie boeken uit de mal gehaald.

5 Indien de twee kanten van de aan elkaar te lijmen boeken ruw of onregelmatig zijn, schuurt u ze met schuurpapier glad.

6 Bedek de boeken met twee lagen acrylverf, elk in een andere kleur. Laat elke laag 2 uur drogen.

7 Verdun wat acrylpatina tot de dikte van melk. Roer goed door. Doop een hoekje van een stuk keukenpapier in de verf en smeer het op de bladzijden van de boeken.

8 Teken de belettering met een goudkleurige viltstift. ▶

9 Gebruik voor grotere stukken eventueel een beetje verguldcrème.

11 Maak nog meer lijm aan en lijm de twee rechtopstaande boeken op het liggende boek. Laat 24 uur drogen.

10 Lijm de twee rechtopstaande boeken met epoxyharslijm aan elkaar. Leg plat neer en laat 24 uur drogen.

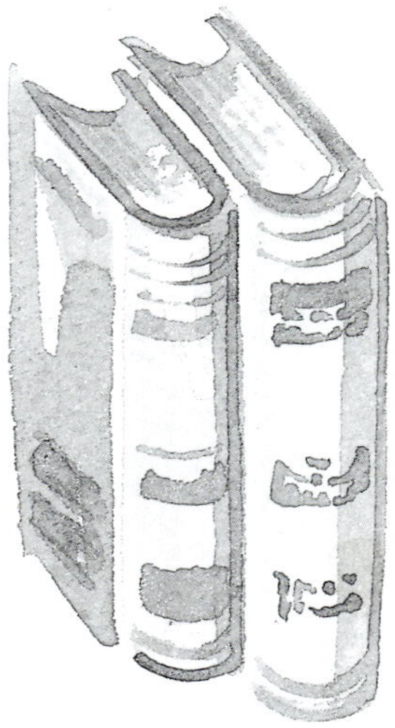

REALIZED

EEN OUDE LIJST RESTAUREREN

VERGULDE ANTIEKE LIJSTEN DIE IN GOEDE STAAT VERKEREN ZIJN OVER HET ALGEMEEN DUUR, MAAR IN ROMMEL- EN ANTIEKWINKELS ZIJN VAAK PRACHTIGE OUDE LIJSTEN TE VINDEN DIE BESCHADIGD ZIJN EN DAARDOOR GOEDKOOP. KOUDHARDENDE SILICONENRUBBER IS IDEAAL OM ZE MEE TE RESTAUREREN. ONTBREKENDE STUKKEN KUNNEN EXACT WORDEN NAGEMAAKT EN MET DE VERSCHILLEND GEKLEURDE VERGULDCRÈMES VERKRIJGT U ALTIJD DE JUISTE KLEUR GOUD.

1 Een klein stukje van deze lijst ontbreekt. Omdat het een ingewikkeld patroon is, moet het exact gekopieerd worden om het niet op te laten vallen.

2 Meng siliconenrubber zoals beschreven in Basistechniek 1, stap 3. Smeer dit op een onbeschadigd gedeelte naast de beschadiging. Verwijder het zodra het droog is.

3 Ondersteun de mal met een niet te volle zandzak. Maak een kleine hoeveelheid gips aan in een plastic potje (zie Basistechniek 1, stap 5). Giet het gips in de mal. Schud de mal als hij vol is even om de luchtbellen naar boven te laten komen. Laat 2 uur drogen.

4 Snijd het afgietsel met een hobbymes bij tot de grootte van het ontbrekende deel. Lijm het op zijn plaats en laat 24 uur drogen. Vul eventuele openingen tussen het afgietsel en de lijst op met tweecomponenten epoxyplamuur. Gebruik hiervoor een spateltje. Laat 2 uur drogen.

5 Schilder met een penseel het gerepareerde stuk met steenrode acrylverf. Geef het een tweede laag als de eerste niet helemaal dekt. Laat de lijst daarna 3 uur drogen.

6 Doop uw vinger in verguldcrème en smeer het voorzichtig over de steenrode verf. Laat de randen onmerkbaar overgaan in het bestaande goud.

MATERIALEN EN BENODIGDHEDEN

BESCHADIGDE LIJST • KOUDHARDENDE SILICONENBASIS • STOLLINGSMIDDEL • PLASTIC BAKJE • LEPEL • SPATELTJE • ZANDZAKJE • MODELGIPS • WATER • PLASTIC POTJE • HOBBYMES • TWEECOMPONENTEN EPOXYHARSLIJM • TWEECOMPONENTEN EPOXYPLAMUUR • PENSEEL • STEENRODE ACRYLVERF • VERGULDCRÈME

Badkamerkastje

Er is veel veranderd in de aankleding van badkamers. De badkamer wordt tegenwoordig gezien als een vertrek op zich. Het is echter niet altijd nodig om veel geld uit te geven aan meubelen en decoraties om een stijlvolle verandering teweeg te brengen. In dit project is een gewoon kastje veranderd in een aantrekkelijk meubelstuk met een simpele verfbehandeling en zilverkleurige zeepaardjes.

1 Giet tien zeepaardjes zoals beschreven in Basistechniek 1, maar sla stap 7 over. Breng twee lagen turkooise acrylverf aan. Laat elke laag minstens 3 uur drogen.

2 Verdun wat lichtblauwe acrylverf in een verhouding van 1 deel water op 2 delen verf. Schilder het kastje in gedeelten en veeg de nog natte verf eraf met keukenpapier om een gesleept effect te krijgen. Werk het kastje af met twee lagen zijdeglans acrylvernis. Laat elke laag steeds 2 uur drogen.

3 Schilder de zeepaardjes met een penseel met zwarte acrylverf. Laat 2 uur drogen en breng dan mixtion aan. Laat 1 uur drogen tot het doorzichtig is geworden. ▶

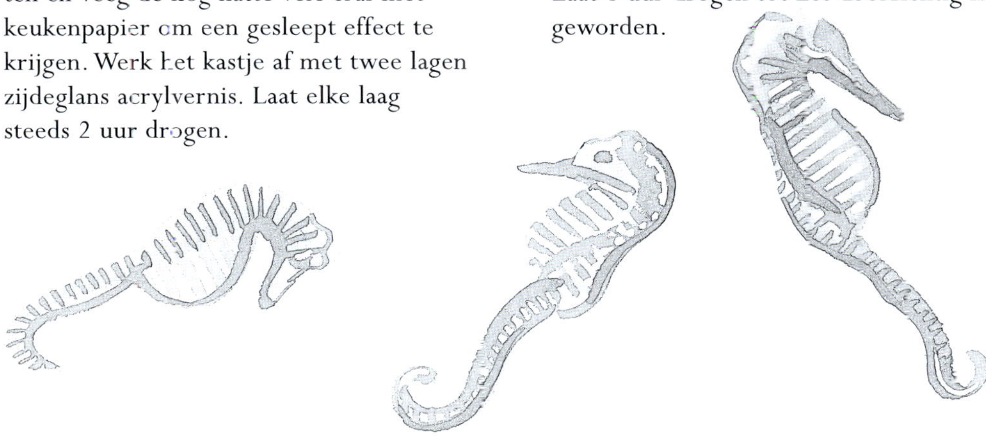

Materialen en benodigdheden

Zeepaardje • Materialen opgegeven voor Basistechniek 1 • Kastje • Spiritus • Acrylverf: turkoois, lichtblauw, zwart en patina • Kwast (grootte afhankelijk van formaat kastje) • Keukenpapier • Zijdeglans acrylvernis • Penseel • Mixtion op waterbasis • Bladaluminium op vloeipapier • Lichte schellak • Tweecomponenten epoxyharslijm

4 Knip bladaluminium in kleine vierkantjes en leg ze op de mixtion. Wrijf er met uw vinger overheen tot het vastzit en trek het vloeipapier los. Bedek het zeepaardje helemaal met slagmetaal. Schilder de zeepaardjes met lichte schellakvernis om het metaal af te dichten. (Reinig het penseel met spiritus.) Laat een half uur drogen.

5 Meng gelijke delen patina en zwarte acrylverf. Roer goed door en voeg water toe tot het de dikte heeft van koffieroom. Bedek het slagmetaal geheel met de verf en veeg het er meteen weer af met keukenpapier, zodat er alleen verf achterblijft in de diepere delen.

6 Plaats in elke hoek twee zeepaardjes met de koppen tegen elkaar en in het midden twee met de staarten tegen elkaar. Lijm ze met behulp van een spateltje met tweecomponenten epoxyharslijm vast.

Onder: Gegoten schelpen verguld met imitatie-bladgoud vormen eveneens een fraaie en passende decoratie voor een badkamerkastje.

GIETMATERIALEN (vervolg blz. 18)

Rubber Om gietmallen te maken gebruikt men in Nederland vooral rubber (latex). Dit kan vloeibare of spatelrubber zijn. Vloeibare rubber wordt minstens 15 keer – om het kwartier – in een dun laagje op het voorwerp aangebracht. Een tijdrovend werkje dus. Met spatelrubber kan in één keer de gewenste hoeveelheid (met een spatel) op het voorwerp worden aangebracht. Het is wel iets duurder dan vloeibare rubber. In vergelijking tot koudhardende silicone is spatelrubber echter drie keer zo goedkoop. Reden om toch koudhardende silicone te gebruiken is, dat het hittebestendig is en derhalve heel geschikt om er afgietsels van tin of lood mee te maken.

LEVERANCIERS

Firma G. de Ru
Van Woustraat 143-145
1074 AJ Amsterdam
tel. 020-6626821

Vakmateriaal Keramiek b.v.
Veemarkt 194
1019 DG Amsterdam
tel. 020-6656511

Duller & Co verf- en decoratiewinkel
Van Oldebarneveldtstraat 82
1052 KG Amsterdam
tel. 020-6842332 (tevens workshops)

Art View Decoration
Amsteldijk 39
1074 HV Amsterdam
tel. 020-6711029 (tevens workshops)

Duller: De Vergulde Kwast
Westerkade 19
3511 HB Utrecht
tel. 030-2340615 (tevens workshops)

Maeyer & v.d. Stok Decoraties
Oude Rijn 10
2312 HD Leiden
tel. 071-5147120 (tevens workshops)

Linova (fabrikant/groothandel)
Laarstraat 74-76
7201 CG Zutphen
fax: 0575-542311

Schepping
Agnietensteeg 10
7201 KT Zutphen
tel. 0575-514276

DANKWOORD

De uitgevers willen graag de volgende bibliotheken bedanken voor aanvullend beeldmateriaal. De Bridgeman Art Library/John Bethell: blz. 9, 10, 11 boven; De Hutchison Library: blz. 8 (Isabella Tree), 11 onder (J.G.Fuller). Verder bedanken ze de volgende firma's voor het beschikbaar stellen van andere gefotografeerde voorwerpen: Robert Young Antiques, 68 Battersea Bridge Road, Londen SW11 (0044 171 228 7847); Joss Graham Oriental Textiles, London SW1 9LT (0044 171 730 4370); VV Rouleau, 10 Symon Street, Londen SW3 2TJ (0044 171 730 3125) en Paperchase, 213 Tottenham Court Road Londen W1P 9AF (0171 580 8496).

REGISTER

A B C